문화와 함께 배우는

대학중국어

제3판

문화와 함께 배우는

대학중국어 제3판

펴낸날 / 1판 1쇄 2018년 9월 5일
2판 1쇄 2021년 9월 1일
3판 1쇄 2024년 8월 1일

지은이 / 손염홍 · 남종진
펴낸이 / 전영재
펴낸곳 / 쿠북 (건국대학교출판부의 패밀리 브랜드입니다.)
등록 / 제 4-3 호 (1971. 6. 21.)
주소 / 05029, 서울특별시 광진구 능동로 120 건국대학교
전화 / (02) 450-3891~3
팩스 / (02) 457-7202
홈페이지 / http://press.konkuk.ac.kr
e-mail / press@konkuk.ac.kr

책임편집 / 박명희
찍은곳 / 네오프린텍㈜

정가 / 17,000원

ISBN 978-89-7107-781-8 13720

大学

문화와 함께 배우는

대학중국어

제3판

손염홍 · 남종진 지음

汉语

쿠북

책머리에

1992년 한중수교 이래로 중국과의 교류가 늘어나면서 중국어에 대한 관심 또한 크게 높아진 지 오래다. 이런 시대적 변화에 따라 국내의 중학교와 고등학교에서 중국어를 제2외국어 과목의 하나로 선택하여 학습한 지도 이미 오래되었고, 또 대다수의 대학에서도 중국어를 주요한 외국어 교과의 하나로 개설하고 있다.

그런데 영어와는 달리 대학과정에서 운영하는 제2외국어 교과의 경우는 학습자마다 선행학습의 경험이 서로 다르기 때문에 동일한 수준의 학습자만을 따로 묶어서 초급 과정의 수업을 진행하기에는 어려움이 적지 않다.

이런 현실적 사정을 고려하여 본 교재는 중국어를 처음 접하는 학습자와 중등학교에서 이미 중국어를 경험하여 기초 수준의 중국어 지식을 지닌 학습자가 함께 학습할 수 있도록 그 내용과 범위를 고려하여 구성하였다.

본 교재는 현대 중국어의 표준어인 보통화의 소리 구조를 이해하고 익히기 위한 발음편과 초급 수준의 중국어 표현을 익히기 위한 본문편으로 나누어 구성하였다.

먼저 발음편은 중국어의 각종 표현을 익히기에 앞서 보통화의 소리 구조에 대하여 이해하고, 아울러 보통화의 소리 표기법인 한어병음표기방안을 익힐 수 있도록 구성하였다.

본문편은 모두 9개의 단원과 2개의 복습 단원으로 구성하였다. 매 단원은 서로 다른 두 가지 상황을 담은 지문을 구성하여 제시하고, 이를 통하여 보통화의 여러 가지 표현을 익힐 수 있게 하였다. 아울러 각 단원은 본문, 단어, 문형, 문법, 연습의 순서로 구성하였으며, 매 단원의 끝에는 본문의 핵심내용과 연계하여 중국의 언어와 문자 그리고 각종 생활문화에 관한 내용을 덧붙여 두었다. 이는 학습자가 도구로서의 중국어 습득을 넘어서, 중국과 중국의 문화 콘텐츠에 대하여 흥미와 관심을 갖고 나아가 안목을 넓히는 계기가 되기를 바라는 뜻에서이다.

2018년 초판이 나온 지 6년이 되었다. 강의 중 발견된 오류 및 아쉬웠던 부분을 수정 · 보완하기 위해 개정판을 냈다. 이번 개정판은 기본 편성 변경 없이 일부 본문편 단원의 지문 내용에 변화를 주었고 연습문제도 교체하였다.

2024년 8월

저자

차례

제1편

발음편

일러두기

발음편은 중국어의 각종 표현을 익히기에 앞서 보통화의 발음 구조에 대하여 이해하고, 아울러 보통화의 발음 표기법인 한어 병음표기방안을 익힐 수 있도록 구성되었다.

1 보통화의 소리 구조

1 성모 · 운모 · 성조

한어(汉语, Hànyǔ)는 하나의 음절이 성(声, initial), 운(韵, final), 성조(声调, tone)의 세 부분으로 구성된다.

'한(汉)'이라는 글자를 예로 들어 보자. 이 글자는 한어 가운데 보통화(普通话)에서도 한국어와 마찬가지로 'han'으로 발음된다. 그런데 한국어에서는 '한'이 'ㅎ(h)' + 'ㅏ(a)' + 'ㄴ(n)'의 세 가지 자모의 결합으로 구성되지만, 한어에서는 'h' + 'an'의 두 부분과 성조로 구성된다. 즉 보통화의 발음을 구성하는 기본 단위인 음절은 '성모', '운모', '성조'의 세 부분으로 이루어지는 것이다. 이때 머리소리인 'h'를 '성(声)'이라고 하고, 나머지 부분인 'an'을 '운(韵)'이라고 한다. 쉽게 말해서 성모는 한국어에 있어서 첫소리에 사용되는 자음에 상당하고, 운모는 모음 또는 모음과 받침을 합친 것에 상당하는 것이다. 여기에 한국어와는 달리 소리의 높낮이를 나타내는 특정한 성조가 덧붙는다.

현대 한어의 표준어인 보통화는 모두 21개의 성모와 36개의 운모를 사용하여, 이것이 서로 결합하거나 단독으로 발음을 구성한다.

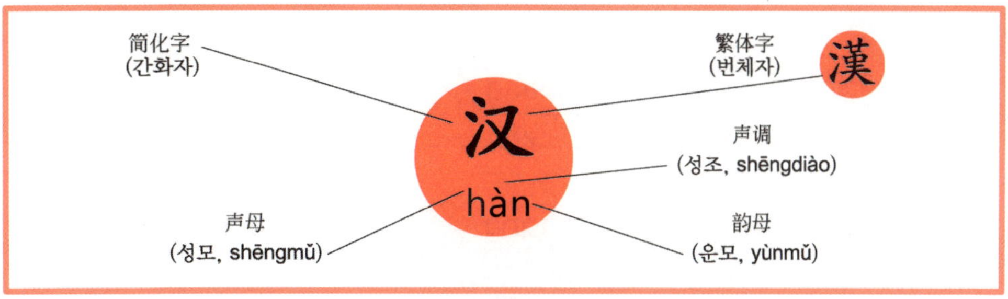

한어의 발음과 한자

2 보통화의 성모와 운모

성 모 (声 母) shēngmǔ	쌍순음(双唇音)	b	p	m	
	순치음(唇齿音)	f			
	설첨음(舌尖音)	d	t	n	l
	설근음(舌根音)	g	k	h	
	설면음(舌面音)	j	q	x	
	권설음(卷舌音)	zh	ch	sh	r
	설치음(舌齿音)	z	c	s	

		i	u	ü
운 모 (韵 母) yùnmǔ	a	ia	ua	
	o		uo	
	e *ê	ie *i+ê		üe *ü+ê
	ai		uai	
	ei		uei	
	ao	iao		
	ou	iou		
	an	ian	uan	üan
	en	in *i(e)n	un *u(e)n	ün *ü(e)n
	ang	iang	uang	
	eng	ing *i(e)ng	ueng	
	ong	iong		
	er	*er은 특수한 운모로 성모와는 결합하지 않는다.		

3 발음기관과 성모의 발음 부위

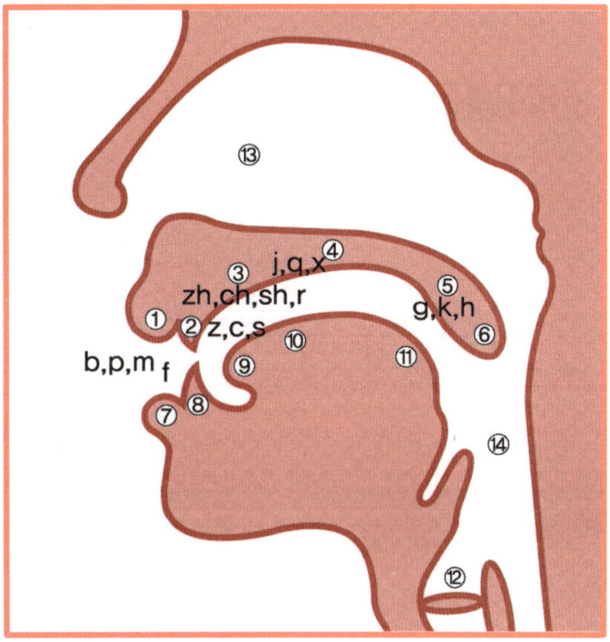

성모의 발음부위

①	上唇(shàngchún)	윗입술	⑧	下齿(xiàchǐ)	아랫니
②	上齿(shàngchǐ)	윗니	⑨	舌尖(shéjiān)	혀끝
③	牙床(yáchuáng)	잇몸	⑩	舌面(shémiàn)	혓바닥
④	硬腭(yìng'è)	경구개	⑪	舌根(shégēn)	혀뿌리
⑤	软腭(ruǎn'è)	연구개	⑫	声带(shēngdài)	성대
⑥	小舌(xiǎoshé)	목젖	⑬	鼻腔(bíqiāng)	비강
⑦	下唇(xiàchún)	아랫입술	⑭	喉头(hóutóu)	후두

노래로 배우는 한어병음

한어병음의 노래 Pīnyīngē(拼音歌)

4 성모와 운모 익히기

성 모	b	p	m	f	d	t	n	l	g	k	h
단운모	a	o	e	i	u	ü					

	a	o	e	i	u	ü
b	ba	bo		bi	bu	
p	pa	po		pi	pu	
m	ma	mo	me	mi	mu	
f	fa	fo			fu	
d	da		de	di	du	
t	ta		te	ti	tu	
n	na		ne	ni	nu	nü
l	la		le	li	lu	lü
g	ga		ge		gu	
k	ka		ke		ku	
h	ha		he		hu	
	a	o	e	yi	wu	yu

표기규칙

1. i가 단독으로 하나의 음절을 이룰 경우에는 앞에 y를 덧붙여 표기한다.
2. u가 단독으로 하나의 음절을 이룰 경우에는 앞에 w를 덧붙여 표기한다.
3. ü가 단독으로 하나의 음절을 이루거나 ü로 시작하는 음절은 ü 앞에 y를 덧붙이고 위의 두 점은 생략한다.

성　모	b	p	m	f	d	t	n	l	g	k	h
기초운모	ai	ei	ao	ou	an	en	ang	eng	ong		

	ai	ei	ao	ou	an	en	ang	eng	ong
b	bai	bei	bao		ban	ben	bang	beng	
p	pai	pei	pao	pou	pan	pen	pang	peng	
m	mai	mei	mao	mou	man	men	mang	meng	
f		fei		fou	fan	fen	fang	feng	
d	dai	dei	dao	dou	dan	den	dang	deng	dong
t	tai		tao	tou	tan		tang	teng	tong
n	nai	nei	nao	nou	nan	nen	nang	neng	nong
l	lai	lei	lao	lou	lan		lang	leng	long
g	gai	gei	gao	gou	gan	gen	gang	geng	gong
k	kai	kei	kao	kou	kan	ken	kang	keng	kong
h	hai	hei	hao	hou	han	hen	hang	heng	hong
	ai	ei	ao	ou	an	en	ang	eng	

성 모	j	q	x				
결합운모	ia	ie	iao	iou(-iu)		ian	in
	iang	ing	iong				
	üe	üan	ün				

	i	ia	ie	iao	iou	ian	in	iang	ing	iong	üe	üan	ün
b	bi		bie	biao		bian	bin		bing				
p	pi		pie	piao		pian	pin		ping				
m	mi		mie	miao	miu	mian	min		ming				
f													
d	di		die	diao	diu	dian			ding				
t	ti		tie	tiao		tian			ting				
n	ni		nie	niao	niu	nian	nin	niang	ning		nüe		
l	li	lia	lie	liao	liu	lian	lin	liang	ling		lüe		
j	ji	jia	jie	jiao	jiu	jian	jin	jiang	jing	jiong	jue	juan	jun
q	qi	qia	qie	qiao	qiu	qian	qin	qiang	qing	qiong	que	quan	qun
x	xi	xia	xie	xiao	xiu	xian	xin	xiang	xing	xiong	xue	xuan	xun
	yi	ya	ye	yao	you	yan	yin	yang	ying	yong	yue	yuan	yun

표기규칙

1. iou가 성모와 결합할 경우에는 중간의 모음 o는 생략하고 iu로 표기한다. 또 iou가 단독으로 음절을 이룰 때는 you로 표기한다.
2. in, ing처럼 성모가 없이 단독으로 음절을 이루는 경우에는 yin, ying처럼 앞에 y를 덧붙여 표기한다.
3. j, q, x가 ü 또는 ü로 시작하는 운모와 결합할 때는 ü의 두 점을 생략하고 표기한다.

성 모	zh	ch	sh	r	z	c	s			
결합운모	ua	uo	uai	uei(-ui)		uan	uen(-un)		uang	ueng

	u	ua	uo	uai	uei (-ui)	uan	uen (-un)	uang	ueng	-i
d	du		duo		dui	duan	dun			
t	tu		tuo		tui	tuan	tun			
n	nu		nuo			nuan	nun			
l	lu		luo			luan	lun			
g	gu	gua	guo	guai	gui	guan	gun	guang		
k	ku	kua	kuo	kuai	kui	kuan	kun	kuang		
h	hu	hua	huo	huai	hui	huan	hun	huang		
zh	zhu	zhua	zhuo	zhuai	zhui	zhuan	zhun	zhuang		**zhi**
ch	chu	chua	chuo	chuai	chui	chuan	chun	chuang		**chi**
sh	shu	shua	shuo	shuai	shui	shuan	shun	shuang		**shi**
r	ru		ruo		rui	ruan	run			**ri**
z	zu		zuo		zui	zuan	zun			**zi**
c	cu		cuo		cui	cuan	cun			**ci**
s	su		suo		sui	suan	sun			**si**
	wu	wa	wo	wai	wei	wan	wen	wang	weng	

표기규칙

1 uei가 성모와 함께 결합할 경우는 중간의 모음 e는 생략하고 ui로 표기한다.

2 uen이 성모와 함께 결합할 경우에도 중간의 모음 e를 생략하고 un으로 표기한다.

3 **zhi, chi, shi, ri, zi, ci, si의 '-i'는 운모 'i'가 아니므로 발음하지 않는다.**

2 보통화의 성조

성조(声调, shēngdiào)는 한 음절에 있어서 음의 높고 낮음을 나타낸다. 보통화에는 네 가지 기본 성조가 있는데, '4성(四声)'이라고 한다. 같은 소리마디라도 성조가 서로 다르면 그 의미 또한 달라진다.

1 보통화의 기본 성조

사성	제1성	제2성	제3성	제4성
보기	mā	má	mǎ	mà
음계	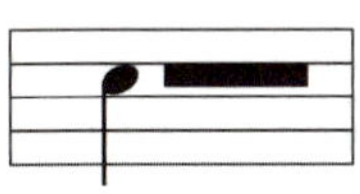			

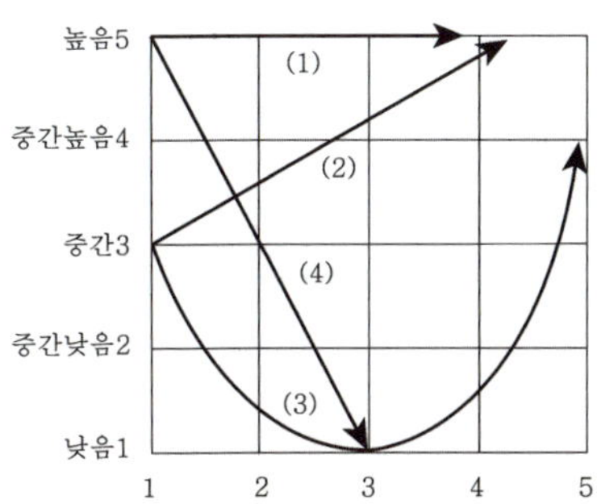

사성	음의 높낮이	부호
(1) 제1성	높고 고르게 (5→5)	ˉ
(2) 제2성	중간에서 높음으로 (3→5)	ˊ
(3) 제3성	중간낮음에서 낮음으로, 다시 중간높음으로 (2→1→4)	ˇ
(4) 제4성	높음에서 급히 낮음으로 (5→1)	ˋ

성조의 표기규칙

운모의 위에 표시한다. 모음이 2개 이상일 때는 a, o, e, i, u, ü의 차례로 표기하고, iu나 ui로 끝나는 경우에는 모두 뒤의 모음 위에 표시한다.

2 성조의 변조(变调)

1 경성

중국어에서는 어떤 음절은 본래의 성조와 상관없이 짧고 약하게 발음되는데, 이를 일러 '경성(轻声, qīngshēng)'이라고 한다. 경성은 'māma(妈妈)'의 경우처럼 아무런 성조 표시도 붙이지 않는다.

2 제3성의 연독

제3성과 제3성을 지닌 소리가 잇달아 나오는 경우에 앞 음절의 성조는 제2성으로 바뀌어 소리가 나게 된다. 예컨대 'hěn hǎo!(很好!)'의 경우는 'hén hǎo!'로 소리를 내게 되는 것이다.

3 반(半) 3성

제3성은 제1성, 제2성, 제4성과 경성 앞에 놓이면 대개 '반(半) 3성'으로 소리를 내게 된다. 즉 제3성의 아래로 내려가는 부분까지만 소리를 내는 것이다.

4 '一'의 변조

'一'는 발음이 'yī'로 제1성이지만 제4성 앞에서는 제2성으로 성조가 달라지고 제1, 2, 3성과 경성 앞에서는 제4성으로 소리를 낸다. 성조 또한 달라진 성조로 표기한다. 예컨대 'yí kuài(一块)', 'yì tiān(一天)', 'yì nián(一年)', 'yì wǎn(一晚)'과 같은 식이다.

5 '不'의 변조

'不'는 'bù'로 제4성이지만, 뒤에 제4성을 가진 소리가 이어지면 성조는 제2성으로 변화한다. 예를 들어 '不看'은 원래 'bù kàn'이지만, 뒷소리가 제4성이므로 'bú kàn'으로 발음하는 것이다. 성조 또한 달라진 성조로 표기한다.

3 '얼화(儿化)' 현상

권설 운모 '儿(er)'을 덧붙여 어미를 맛깔스럽게 표현하는 음운 현상으로, 베이징을 비롯한 북방 방언에서 흔히 사용된다. 표기는 앞 음절의 뒤에 'r'을 덧붙여 적는다. '얼화'가 되더라도 의미에는 변화가 없는가 하면 때로는 품사의 전환이 생기는 등 의미에 변화가 생기기도 한다.

예컨대 māo(猫) → māor(猫儿), wán(玩) → wánr(玩儿)의 경우는 의미가 달라지지 않지만 xìn(信) → xìnr(信儿), gài(盖) → gàir(盖儿)의 경우는 품사가 달라진다.

4 격음부호

a, o, e로 시작하는 음절이 모음으로 끝나는 다른 음절의 뒤에 이어지는 경우에 앞의 음절과 구분하기 위하여 그 사이에 윗점[']을 덧붙이는데, 이를 '격음부호'라고 한다.

Tiān'ānmén(天安门), Běi'ōu(北欧), Xī'ān(西安), jī'è(饥饿)의 식이다.

3 보통화 발음 연습

1 단음절어

제1성	제2성	제3성	제4성
ā	á	ǎ	à
ō	ó	ǒ	ò
ē	é	ě	è
yū	yú	yǔ	yù
mē	mé	mě	mè
zhī	chí	shǐ	rì
shēn	rén	hěn	fèn
duī	zuí	shuǐ	tuì
hēi	péi	měi	bèi
yāng	qiáng	jiǎng	liàng
qiōng	jióng	xiǒng	yòng
quān	juán	yuǎn	xuàn

2 2음절어

제1성+기타	제2성+기타	제3성+기타	제4성+기타
fā yīn	máo yī	lǎo shī	miàn bāo
kā fēi	lóu tī	shǒu jī	qì chē
fēi jī	tú shū	huǒ chē	lù yīn
jiā yóu	yóu jú	lǚ xíng	dà xué
kē xué	yín háng	yǔ yán	miàn tiáo
gōng rén	lán qiú	qǐ chuáng	wèn tí
shēn tǐ	niú nǎi	shuǐ guǒ	shì chǎng
jī chǎng	yóu yǒng	shǒu biǎo	Hàn yǔ
shāng diàn	xué xiào	wǔ fàn	duàn liàn
chē zhàn	hán jià	kǎ piàn	sù shè
jī dàn	yú kuài	tǐ yù	diàn huà
dōng xi	míng zi	sǎng zi	kuài zi

가족의 호칭

yéye 爷爷 (할아버지)	nǎinai 奶奶 (할머니)	bàba 爸爸 (아빠)	māma 妈妈 (엄마)
gēge 哥哥 (형/오빠)	jiějie 姐姐 (누나/언니)	dìdi 弟弟 (남동생)	mèimei 妹妹 (여동생)

3 3음절어

dǎ yìn jī	yǔ máo qiú	guó jiā duì
jī qì rén	liú xué shēng	tǐ yù guǎn
zì xíng chē	Xī bān yá	huǒ chē zhàn

4 4음절어

xīn nián kuài lè	新年快乐	즐거운 새해 되세요!
gōng xǐ fā cái	恭喜发财	부자되세요!
fēng tiáo yǔ shùn	风调雨顺	비바람이 알맞게 내리다. 세상이 평안함을 비유함
jiā cháng xiǎo cài	家常小菜	가정식 음식
zǒu mǎ kàn huā	走马看花	주마간산
sài wēng shī mǎ	塞翁失马	새옹지마
Sān guó yǎn yì	三国演义	소설 ≪삼국지≫

일상용어 맛보기

Duì bu qǐ! 对不起! (미안합니다)	Méi guān xi。 没关系。(괜찮습니다)
Xiè xie! 谢谢! (고맙습니다)	Bú kè qi。 不客气。(천만에요)

제2편

본문편

일러두기

본문편은 모두 9개의 단원과 2개의 복습 단원으로 구성되었다. 매 단원은 각각의 주제에 따른 두 가지 상황을 지문으로 구성하여 보여주고, 이를 통하여 중국어의 여러 가지 표현을 익힐 수 있게 하였다. 아울러 각 단원은 본문, 단어, 문형, 문법, 연습, 한자 익히기의 순서로 구성하고, 각 단원의 끝에는 중국의 언어, 문자, 문화 등에 관련된 내용을 덧붙여 학습자가 중국과 중국의 문화에 대해 흥미와 관심을 가져 너른 안목을 갖추는 발판이 되게 하였다.

제 1 과

我是韩国人。

Wǒ shì Hánguórén。

저는 한국인입니다.

1 표현 익히기 1 课文(kèwén) 1

(上课 Shàngkè)

Lǎoshī : Tóngxué men hǎo!
老师 : 同学们好！

Xuésheng men : Lǎoshī hǎo!
学生们 : 老师好！

Lǎoshī : Wǒ shì Sūn lǎoshī, rènshi nǐmen, wǒ hěn gāoxìng!
老师 : 我是孙老师，认识你们，我很高兴！

Xuésheng men : Rènshi nín, wǒmen yě hěn gāoxìng!
学生们 : 认识您，我们也很高兴！

(下课 Xiàkè)

Lǎoshī : Dàjiā xīnkǔ le! Zàijiàn!
老师 : 大家辛苦了！ 再见！

Xuésheng men : Lǎoshī, zàijiàn!
学生们 : 老师，再见！

2 새로 나온 낱말 1 生词(shēngcí) 1

shàngkè	上课	동 수업을 하다
lǎoshī	老师	명 선생님
tóngxué	同学	명 학우
hǎo	好	형 (상태 따위가) 좋다 ↔ 坏(huài)
xuésheng	学生	명 학생
nǐ	你	대 너, 당신
wǒ	我	대 나, 저
nǐmen	你们	대 너희들, 당신들
wǒmen	我们	대 우리들, 저희들
men	们	접 … 들[복수를 나타냄]
shì	是	동 … 이다
rènshi	认识	동 알다
gāoxìng	高兴	형 기쁘다
nín	您	대 당신[你의 존칭]
yě	也	부 또한, 역시
hěn	很	부 매우
xiàkè	下课	동 수업이 끝나다
dàjiā	大家	대 여러분
xīnkǔ le	辛苦了	수고했다[인사말]
Sūn	孙	명 손 씨[성씨]
zàijiàn	再见	안녕히 가세요, 또 만나다[인사말]

3 문형 익히기 1 句型(jùxíng) 1

1 hǎo 好

nǐ hǎo 你好

Nǐmen hǎo! 你们好！

dàjiā	大家
lǎoshī	老师
tóngxué men	同学们

2 gāoxìng 高兴

hěn gāoxìng 很高兴

Wǒmen hěn gāoxìng。 我们很高兴。

tóngxué men	同学们
dàjiā	大家
lǎoshī	老师

3 shì 是

shì lǎoshī 是老师

Wǒ shì lǎoshī。 我是老师。

xuésheng	学生
Sūn lǎoshī	孙老师

4 표현 익히기 2 课文 2

学生：Lǎoshī, Nín hǎo!
老师，您好！

老师：Nǐ hǎo! Nǐ shì Zhōngguó rén ma?
你好！你是中国人吗？

学生：Bú shì, Wǒ shì Hánguó rén。
不是，我是韩国人。

老师：Tā shì shéi?
他是谁？

学生：Tā shì wǒ péngyou。
他是我朋友。

老师：Tā jiào shénme míngzi?
他叫什么名字？

学生：Tā xìng Wáng, jiào Wáng Péng。
他姓王，叫王鹏。

老师：Tā shì nǎ guó rén?
他是哪国人？

> **보충 표현** Nín guì xìng? 您贵姓？
> 당신의 성은 무엇입니까?
> [상대 성씨를 높여 부르는 표현]

学生：Tā shì Zhōngguó rén, shì Jiànguó Dàxué liúxuéshēng。
他是中国人，是建国大学留学生。

5 새로 나온 낱말 2 生词2

rén	人	명 사람
guó	国	명 나라
Zhōngguó rén	中国人	명 중국인
Hánguó rén	韩国人	명 한국인
ma	吗	조 …까?[의문조사]
bù	不	부 하지 않다[부정을 나타냄]
tā	他	대 그, 그 사람
shéi [shuí]	谁	대 누구
péngyou	朋友	명 벗, 친구
jiào	叫	동 …라고 부르다
shénme	什么	대 무엇, 무슨
míngzi	名字	명 이름
xìng	姓	동 성이 …이다 명 성[贵姓 guì xìng]
nǎ	哪	대 어느
dàxué	大学	명 대학교
liúxuéshēng	留学生	명 유학생

* * * * * * * *

Wáng Péng	王鹏	고유 왕펑(王鹏)[인명]
Jiànguó dàxué	建国大学	고유 건국대학교

6 문형 익히기 2 句型2

1

shéi	谁
shì shéi	是谁
Tā shì shéi?	他是谁？

liúxuéshēng	留学生
lǎoshī	老师
wǒ péngyou	我朋友

2

nǎ	哪
nǎ guó	哪国
nǎ guó rén	哪国人
shì nǎ guó rén	是哪国人
Tā shì nǎ guó rén?	他是哪国人？

Zhōngguó rén	中国人
Hánguó rén	韩国人
Měiguó rén	美国人
Rìběn rén	日本人

3

shénme	什么
jiào shénme	叫什么
jiào shénme míngzi	叫什么名字
Nǐ jiào shénme míngzi?	你叫什么名字？

Wǒ jiào Wáng Péng	我叫王鹏
Wǒ jiào …	我叫 …

7 문법 이해 语法(yǔfǎ)

1 인칭대명사

	단수형	복수형	비 고
1인칭	我 wǒ	我们 wǒmen 咱们 zánmen	'咱们'은 자기 쪽과 상대방을 모두 포함하지만, '我们'은 포함할 수도 있고 포함하지 않을 수도 있다.
2인칭	你 nǐ 您 nín	你们 nǐmen	您은 你의 존칭 '您们'이라는 표현은 없다.
3인칭	他 tā	他们 tāmen	3인칭의 통칭
	她 tā	她们 tāmen	여성에 국한됨
	它 tā	它们 tāmen	동식물, 사물에 사용

* 한어의 인칭대명사는 격변화 현상이 없다. 사람을 가리키는 명사나 대명사 뒤에 접미사 '们'을 붙인다. 그러나 동물, 사물, 군집명사에는 '们'을 붙이지 않는다.

学生 → 学生们 (○)
书 → 书们 (×) * 书(shū 책)
大家 → 大家们 (×)

2 의문 조사 '吗'

'吗'는 서술문의 끝에 덧붙어 의문을 나타낸다.

你好吗？ → 我很好。
你是韩国人吗？ → 我是韩国人。
你是王鹏吗？ → 我不是王鹏。

3 의문대명사

什么	shénme	무엇, 무슨
谁	shéi	누구
哪	nǎ	어느
哪儿 哪里	nǎr nǎlǐ	어디
为什么	wèishénme	왜, 어째서
怎么	zěnme	어떻게 / 어째서, 왜
几 / 多少	jǐ / duōshao	몇 / 얼마

4 한어의 어순과 기본 문형

한어 문장은 구조적으로 단문과 복문으로 크게 나뉜다. 단문은 다시 주술문(주어 + 술어)과 비주술문으로 나뉜다. 주술문의 기본 어순은 '(관형어)주어 + (상황어)술어 + (관형어)목적어(보어)'이며, 술어는 아래와 같이 나뉜다.

- 동사술어문: 我叫王鹏。
- 형용사술어문: 他高兴。
- 명사술어문: 现在一点。 * 现在(xiàn zài 현재), 一点(yī diǎn 한 시)
- 주술술어문: 我头疼。 * 头疼(tóu téng 머리가 아프다)

5 '是'자문

동사술어문의 하나로, 판단동사 '是'를 술어로 사용하여 'A는 B이다'는 의미를 나타낸다. 또 '是'의 앞에 '不'를 더하면 부정의 의미가 된다.

我是学生。
我不是学生。

MEMO 摘记

8 연습문제 练习(liànxí)

1 성모의 차이에 유의하여 읽어 보자.

(1) bā pā

(2) gē kē

(3) pó fó

(4) nǔ lǔ

(5) dù tù

(6) mǎ nǎ

2 운모의 차이에 유의하여 읽어 보자.

(1) bā bō

(2) mǔ mǒ

(3) gá gé

(4) nǔ nǚ

(5) yǐ yě

(6) nà nè

(7) wū yū

(8) lǔ lǚ

3 A와 B의 대화를 듣고 질문에 대한 답을 골라 보자.

(1) 她是谁?

A 我朋友　　B 老师　　C 学生　　D 中国留学生

(2) B是哪国人?

A　B　C　D　E

C 美国(Měiguó)　D 日本(Rìběn)　E 越南(Yuènán)

4 한어병음을 적고 주어진 내용으로 서로 대화를 나누어 보자.

(1) 你好吗? ______________________________?

[很好 / 不好]

(2) 你姓什么? ______________________________?

[我姓 ……]

(3) 你叫什么名字? ______________________________?

[我叫 ……]

(4) 你是哪国人? ______________________________?

[韩国 中国 美国 日本 越南]

(5) 她是谁? ______________________________?

[我朋友 孙老师 留学生]

5 다음 글을 읽고 물음에 대답해 보자.

Wǒmen lǎoshī shì Sūn lǎoshī, tā shì Zhōngguó rén。
我们老师是孙老师，她是中国人。

Wǒ péngyou jiào Wáng Péng, tā yě shì Zhōngguó rén, shì Jiànguó Dàxué liúxuéshēng。
我朋友叫王鹏，他也是中国人，是建国大学留学生。

(1) 孙老师、王鹏是哪国人?

(2) 谁是建国大学留学生?

(3) '我'朋友叫什么?

(4) '我们'老师是谁?

6 주어진 낱말을 의미가 통하게 배열해 보자.

(1) 韩国人　我　是　______________________。

(나는 한국인입니다.)

(2) 他　留学生　是　建国大学　______________________。

(그는 건국대학교 유학생입니다.)

(3) 中国人　是　不　我　______________________。

(나는 중국인이 아닙니다.)

(4) 你　韩国人　吗　是　______________________？

(당신은 한국인입니까?)

(5) 你　什么　叫　名字　______________________？

(당신의 이름은 무엇입니까?)

기본 문장부호(标点符号 biāodiǎn fúhào)

1 '。': 마침표(句号 jùhào), 평서문 · 명령문 · 청유문 끝에 쓰임.

2 '，': 쉼표(逗号 dòuhào), 문장 안에서 두 문장을 연결하는 용도로 쓰임.

3 '、': 모점(顿号 dùnhào), 병렬 관계인 단어 또는 구 사이의 멈춤을 표시함.

4 '？': 물음표(问号 wènhào), 의문문의 끝에 쓰임.

5 '！': 느낌표(感叹号 gǎntànhào), 감탄문 · 명령문 등에 쓰임.

MEMO 摘记

한자의 기본 필획

한자는 정해진 점과 선을 사용하여 구성되는데, 이를 필획(笔划)이라고 한다. 필획은 구조가 복잡한 한자를 구성하는 최소의 단위로, 점획(点划) 또는 자획(字划)이라고도 한다.

그러므로 한자를 바르게 쓰기 위해서는 한자를 구성하는 기본 필획을 잘 숙지하여야 한다. 필획의 수를 획수(划数)라고 하고, 필획의 순서를 필순(笔顺)이라고 한다.

필획은 방향이 시작과 끝이 변하지 않는 기본 필획과 방향이 변화가 생기는 파생 필획의 두 가지로 나눌 수 있다.

한자의 기본 필획은 다음과 같이 6개가 있다.

필획						
명칭	횡(横) héng	수(竖) shù	별(撇) piě	점(点) diǎn	제(提) tí	날(捺) nà
예자	大	十	八	主	地	人

笔画

○ 한자의 기본 필획을 써보자.

一							
丨							
丿							
丶							
㇀							
㇏							
亅							
乙							

○ 다음 한자를 필순과 필획에 유의하여 써보자.

们	们	们					
men							
见	见	见					
jiàn							
师	师	师					
shī							
学	学	学					
xué							
谁	谁	谁					
shéi							
吗	吗	吗					
ma							
韩	韩	韩					
hán							
哪	哪	哪					
nǎ							

你 nǐ	你	你					
是 shì	是	是					
很 hěn	很	很					
课 kè	课	课					
兴 xìng	兴	兴					
么 me	么	么					
国 guó	国	国					
叫 jiào	叫	叫					
识 shi	识	识					

중국 개황

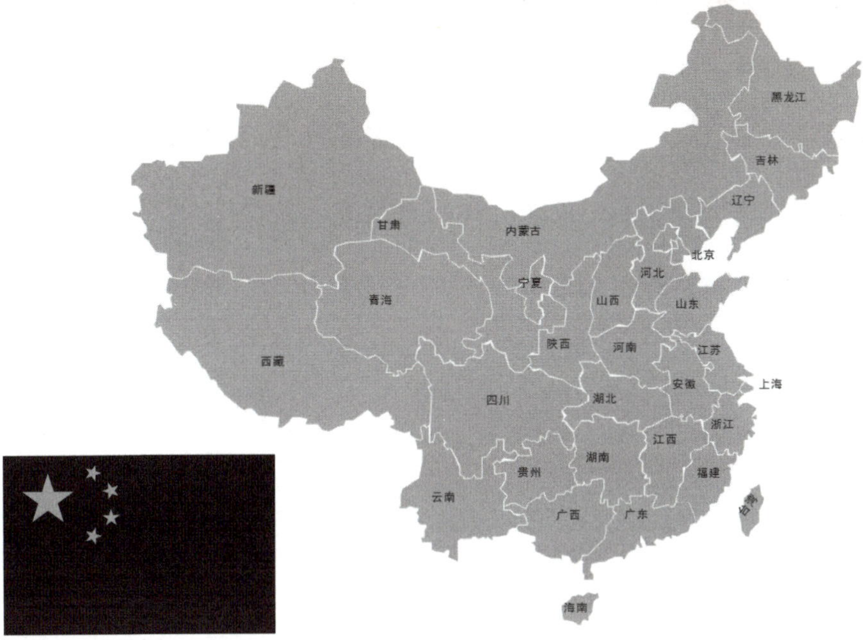

정식국호 중화인민공화국(中华人民共和国 Zhōnghuá Rénmín Gònghéguó)
[People's Republic of China / PRC]

국　　기 오성홍기(五星红旗 Wǔxīng Hóngqí)

국토면적 약 960만 ㎢

전체인구 약 13억 8천만 명

민족구성 한족(汉族)과 기타 55개의 민족으로 구성

수　　도 베이징(北京)

행정구역 4개 직할시(北京, 上海, 天津, 重庆)
2개 특별행정구(香港, 澳门)
22개 성(河北, 陕西, 吉林, 广东, 福建, 四川 등)
5개 자치구(新疆维吾尔自治区 등)

중국의 직할시 성 자치구 특별행정구 일람

명 칭	약 칭	소재지	명 칭	약 칭	소재지
北京市	京 Jīng	北京	湖南省	湘 Xiāng	长沙
上海市	沪 Hù 申 Shēn	上海	广东省	粤 Yuè	广州
天津市	津 Jīn	天津	四川省	川 Chuān 蜀 Shǔ	成都
重庆市	渝 Yú	重庆	贵州省	贵 Guì	贵阳
河北省	冀 Jì	石家庄	云南省	云 Yún 黔 Qián	昆明
山西省	晋 Jìn	太原	陕西省	陕 Shǎn 秦 Qín	西安
辽宁省	辽 Liáo	沈阳	甘肃省	甘 Gān	兰州
吉林省	吉 Jí	长春	青海省	青 Qīng	西宁
黑龙江省	黑 Hēi	哈尔宾	海南省	琼 Qióng	海口
江苏省	苏 Sū	南京	台湾省	台 Tái	台北
浙江省	浙 Zhè	杭州	内蒙古自治区	蒙 Méng	呼和浩特
安徽省	皖 Wǎn	合肥	广西壮族自治区	桂 Guì	南宁
福建省	闽 Mǐn	福州	西藏自治区	藏 Zàng	拉萨
江西省	赣 Gàn	南昌	宁夏回族自治区	宁 Níng	银川
山东省	鲁 Lǔ	济南	新疆维吾尔自治区	新 Xīn	乌鲁木齐
河南省	豫 Yù	郑州	香港特别行政区	香 Xiāng	香港
湖北省	鄂 È	武汉	澳门特别行政区	澳 Ào	澳门

제 2 과

汉语难不难?

Hànyǔ nán bu nán?

중국어는 어려운가요?

1 표현 익히기 1 课文 1

建喜 : Nǐ zuò shénme gōngzuò?
你做什么工作？

建友 : Wǒ shì dàxuéshēng。
我是大学生。

建喜 : Nǐ shì nǎ ge xì de xuésheng?
你是哪个系的学生？

보충 표현
什么系的学生？
무슨 과의 학생?

建友 : Wǒ shì Hánwén xì de xuésheng。
我是韩文系的学生。

建喜 : Nǐ shàng jǐ niánjí?
你上几年级？

建友 : Wǒ shàng yī niánjí。 Nǐ de zhuānyè shì shénme?
我上一年级。你的专业是什么？

建喜 : Wǒ de zhuānyè shì Yīngwén, Wǒ xuéxí Yīngyǔ。
我的专业是英文，我学习英语。

建友 : Nǐmen bān xuésheng duō bu duō?
你们班学生多不多？

建喜 : Nǚ tóngxué duō, nán tóngxué shǎo。
女同学多，男同学少。

2 새로 나온 낱말 1 生词 1

zuò	做	동 …을 하다
gōngzuò	工作	동 일하다 명 일
ge	个	양 개(개수를 나타내는 단위)
xì	系	명 학과
de	的	조 …의, …에 속한
shàng	上	동 …에 다니다, 재학 중이다
jǐ	几	대 몇
niánjí	年级	명 학년
yī	一	수 일, 하나
zhuānyè	专业	명 전공
xué(xí)	学(习)	명 학습 동 학습하다
bān	班	명 학급, 반
nán	男	명 남자
nǚ	女	명 여자
duō	多	형 많다
shǎo	少	형 적다

* * * * * * * *

Hánwén	韩文	고유 한글 = 韩语(Hányǔ 한국어)
Yīngyǔ	英语	고유 영어 = 英文(Yīngwén 영문)

3 문형 익히기 1 句型 1

1

Hánwén xì	韩文系
Hánwén xì de xuésheng	韩文系的学生
Wǒ shì Hánwén xì de xuésheng。	我是韩文系的学生。

Yīngwén xì	英文系
Zhōngwén xì	中文系
Rìwén xì	日文系

2

gōng zuò	工作
shénme gōngzuò	什么工作
Nǐ zuò shénme gōngzuò	你做什么工作？

wǒ shì …	我是 …	lǎoshī	老师
dàxuéshēng	大学生	yīshēng	医生(의사)
gōngsī zhíyuán	公司职员(회사원)		
chūzūchē sījī	出租车司机(택시기사)		

3

duō	多
duō bu duō	多不多
xuésheng duō bu duō	学生多不多
Nǐmen bān xuésheng duō bu duō?	你们班学生多不多？

liúxuéshēng	留学生
nán tóngxué	男同学

4 표현 익히기 2 课文 2

建喜 : Hǎojiǔ bú jiàn! Nǐ zuìjìn zěnmeyàng?
好久不见！ 你最近怎么样？

建友 : Wǒ zuìjìn xuéxí hěn máng, Nǐ ne?
我最近学习很忙， 你呢？

建喜 : Wǒ yě shì。Nǐ shēntǐ hǎo ma?
我也是。你身体好吗？

建友 : Hái kěyǐ。 Nǐ zuò shénme ne?
还可以。你做什么呢？

建喜 : Wǒ zhènzài zuò zuòyè、xiě Hànzì ne。
我正在做作业、写汉字呢。

建友 : Nǐ juéde Hànyǔ nán bu nán?
你觉得汉语难不难？

建喜 : Yǔfǎ bú tài nán, fāyīn hé Hànzì bù róngyì。
语法不太难，发音和汉字不容易。

표현 설명

* 怎么样？: 상대에게 의견을 물을 때 사용하는 표현. '好吗？', '好不好？'로 표현하여도 된다.
* 你呢？: 앞서와 같은 질문을 할 때 내용은 생략하고 조사 '呢'를 붙여서 표현한다.

5 새로 나온 낱말 2 生词2

zuìjìn	最近	명 최근, 요즈음
máng	忙	형 바쁘다
ne	呢	조 …을 하는 중이다[진행을 나타내는 조사]
shēntǐ	身体	명 신체, 건강
zhèngzài	正在	부 동작이나 행위가 진행 중임을 나타냄
zuòyè	作业	명 숙제
xiě	写	동 [글자를] 쓰다
juéde	觉得	동 …라고 생각하다
nán	难	형 어렵다
róngyì	容易	형 쉽다
yǔfǎ	语法	명 문법
tài	太	부 너무 …하다
hé	和	접 …와
fāyīn	发音	명 발음
Hǎojiǔ bú jiàn	好久不见	오래간만입니다
zěnmeyàng	怎么样	어떠한가?
hái kě yǐ	还可以	그런대로 괜찮다

* * * * * * * *

Hànzì	汉字	고유 한자
Hànyǔ	汉语	고유 중국의 한어[중국어]

6 문형 익히기 2 句型2

1

zěnmeyàng	怎么样
zuìjìn zěnmeyàng	最近怎么样
Nǐ zuìjìn zěnmeyàng?	你最近怎么样？

很忙　　不忙　　不太忙

2

ne	呢
shénme ne	什么呢
zuò shénme ne	做什么呢
Nǐ zuò shénme ne?	你做什么呢？

写汉字　　学汉语

做作业　　听音乐

* tīng yīnyuè 听音乐 (음악을 듣다)

3

nán	难
bù nán	不难
nán bu nán	难不难
Xuéxí nán bu nán?	学习难不难？

忙　　多　　容易

7 문법 이해 语法

1 구조조사 的

명사를 관형어로 만드는 조사이다. 명사의 관형어가 되면 종속관계 등을 나타낸다.

我的汉语书。　　　　她是中文系的学生。

2 정반의문문

'긍정+부정'의 형식으로 의문을 나타내는 문장이다. 정반의문문에서는 의문조사 '吗'를 붙이지 않는다.

多不多？ (○)　　　　多不多吗？ (×)

동사의 경우에는 문장의 끝에 부정형을 사용하여도 된다.

他是不是你朋友？ → 他是你朋友不是？
你写不写汉字？ → 你写汉字不写？

다음절 낱말은 앞의 한 글자만으로 정반의문을 나타낼 수 있다.

你高兴不高兴？ → 你高不高兴？

3 진행태의 표현

진행태는 어떤 동작이나 상황이 현재 계속되고 있음을 나타낸다. '正在 …… 呢' / '正 …… 呢' / '在 …… 呢' / '…… 呢'의 형식이다. '正 ……'는 동작의 진행을, '在 ……'는 상황의 지속을 강조한다.

8 연습문제 练习

1 소리를 듣고 성모를 적어 보자.

(1) __ǎi __ǎi　　(2) __ǎn __ǎn

(3) __ēi __ēi　　(4) __ōu __ōu

(5) __èn __èn　　(6) __èng __èng

2 소리를 듣고 운모와 성조를 적어 보자.

(1) n___ n___　　(2) g___ g___

(3) k___ k___　　(4) g___ g___

(5) b___ b___　　(6) m___ m___

3 A와 B의 대화를 듣고 질문에 대한 답을 골라 보자.

(1)

A 一　　B 二　　C 三　　D 四

(2)

A　　B　　C　　D

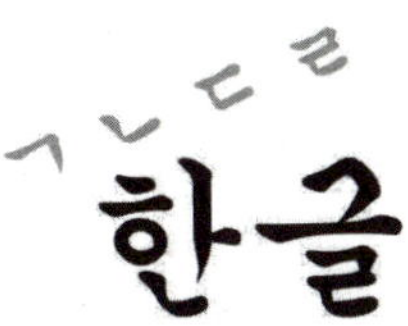

韩语

汉语

日语

英语

4 한어병음을 적고 주어진 내용으로 서로 대화를 나누어 보자.

(1) 你做什么呢? ______________________________?

[写汉字　学习汉语　做作业]

(2) 汉语难不难? ______________________________?

[很难　不太难　太难]

(3) 你是哪个系的学生? ______________________________?

[汉语系　音乐系　英语系]

(4) 你们班学生多不多? ______________________________?

[很多　不多　不太多]

5 다음 글을 읽고 물음에 답해 보자.

Wǒ shì Sūn jiànyǒu, wǒ de zhuānyè shì Yīngwén, wǒ zuìjìn xuéxí Hànyǔ ne。Wǒ juéde yǔfǎ bú tài nán, fāyīn hé Hànzì bù róngyì。

我是孙建友，我的专业是英文，我最近学习汉语呢。我觉得语法不太难，发音和汉字不容易。

Wǒ péngyou Jiàn xǐ shì Zhōngwén xì de xuésheng, tā shàng yī niánjí。Tāmen bān nǚshēng duō, nánshēng shǎo。

我朋友建喜是中文系的学生，她上一年级。他们班女生多，男生少。

* 女生(nǚshēng 여학생)　男生(nánshēng 남학생)

(1) 他们班女生多不多?

(2) 建喜是什么系的学生?

(3) 建友正在学习什么呢?

(4) 建友觉得语法怎么样?

6 주어진 낱말을 의미가 통하게 배열해 보자.

(1) 难 汉语 不 难 ______________________?

[중국어는 어렵습니까 어렵지 않습니까?]

(2) 什么 你 做 呢 ______________________?

[당신은 무엇을 하고 있습니까?]

(3) 几 上 年级 你 ______________________?

[당신은 몇 학년에 다닙니까?]

(4) 发音 我 不太 觉得 容易 ______________________。

[나는 발음이 그다지 쉽지 않다고 생각한다.]

MEMO 摘记

○ 다음 한자를 필순과 필획에 유의하여 써보자.

系 xì	系	系					
专 zhuān	专	专					
业 yè	业	业					
忙 máng	忙	忙					
写 xiě	写	写					
怎 zěn	怎	怎					
样 yàng	样	样					
易 yì	易	易					

글자	연습	연습					
容 róng	容	容					
习 xí	习	习					
语 yǔ	语	语					
做 zuò	做	做					
难 nán	难	难					
最 zuì	最	最					
发 fā	发	发					
汉 hàn	汉	汉					
呢 ne	呢	呢					

중국어와 한어

우리는 중국에서 보편적으로 통용되는 언어를 흔히 '중국어'라고 부른다. 하지만 이것은 관습화된 편의적 표현일 뿐이며 현대 중국을 대표하는 언어의 올바른 명칭은 '한어(汉语, Hànyǔ)'이다.

중국은 56개의 민족으로 이루어진 다민족 국가여서 다수의 민족이 고유한 언어를 가지고 있으며 나아가 고유한 문자를 가지고 있기도 하다. 그러므로 '중국어'라는 말은 중국에서 사용되는 여러 언어를 통칭하는 의미가 된다.

중국의 대표 민족은 한족(汉族, Hànzú)으로, 전체 인구의 95% 이상을 차지한다. 한족의 언어를 '한어(汉语)'라고 줄여서 부르는데, 이 한어가 오늘날 중국에서 공식 언어로서의 지위를 지니고 있다. 한어는 달리 중문(中文, Zhōngwén)이나 화어(华语, Huáyǔ) 등으로도 불린다.

중국의 언어분포

한어의 방언과 표준어

한어(汉语)는 넓은 지역에서 오랫동안 사용되어 다양한 방언(方言)이 있다. 한어의 대표 방언에는 북방(北方) 방언, 오(吴) 방언, 감(赣) 방언, 민(闽) 방언, 월(粤) 방언, 객가(客家) 방언, 상(湘) 방언이 있는데, 같은 한어이지만 그 차이가 커서 의사소통이 불가능할 정도이다. 이 때문에 서구인들은 이런 차이를 흔히 독일어와 프랑스어, 그리스어와 이태리어, 영어와 스페인어의 차이에 비유하기도 한다. 또 같은 방언도 지역에 따라 '차(次) 방언'이 있는데, 의사소통은 가능하여 마치 한국어에서 방언의 차이 정도로 이해할 수 있다.

중국에서는 언어 소통의 어려움을 해결하고자 오래전부터 서로 통용되는 한어를 보급하려고 노력해 왔다. 중국에서는 오래전부터 관리들을 중심으로 통용되던 '관화(官话, Mandarin)'라는 이름의 북방 방언이 널리 통용되었는데, 중화민국(中华民国) 초기에 이르러 이 관화를 모태로 하여 표준어를 정하고 '국어(国语)'라고 하였는데, 오늘날 타이완 등지에서 여전히 통용되고 있다.

한편 1956년에 중화인민공화국 정부에서는 북방 방언의 어휘와 문법규범을 토대로 표준 한어를 정하고 '보통화(普通话, Pǔtōnghuà)'라고 명명하였다. 즉 현대 한어의 표준어는 북방 방언을 모태로 하여 제정된 것이다. '보통화'는 '보통의 언어'라는 의미가 아니라 '보편적으로 통용되는 언어'라는 의미를 담은 말로, 현대 한어의 표준어로서의 지위를 지닌다.

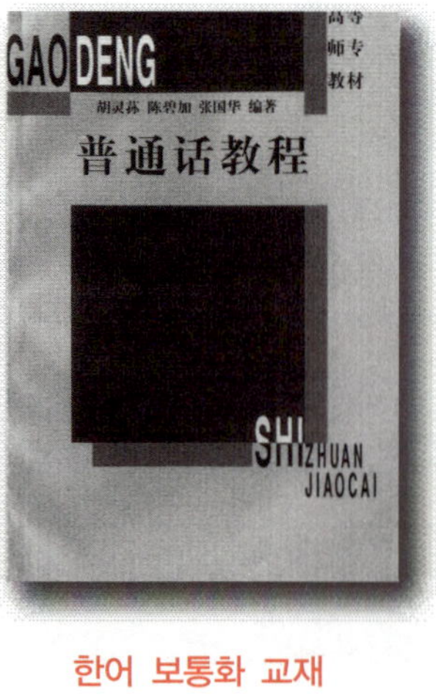

한어 보통화 교재

그런데 현대 한어의 표준어를 가리켜 '베이징어(北京语)'라고 말하는 경우가 많은데, 베이징어와 보통화는 구별되는 것이다. 보통화는 북방 방언 가운데 베이징어를 근간으로 하지만 베이징어의 토속적 성분을 배제한 것으로, 마치 한국어에서 표준어와 서울말의 차이와도 같다고 하겠다.

제 3 과

你有汉语书吗?

Nǐ yǒu Hànyǔ shū ma?

당신은 중국어책을 가지고 있나요?

1 표현 익히기 1 课文 1

建喜 : Zhè shì nǐ de shū ma?
这是你的书吗？

建友 : Bù, zhè bú shì wǒ de shū, nà shì wǒ de shū。
不，这不是我的书，那是我的书。

建喜 : Nàxiē shì shénme shū?
那些是什么书？

建友 : Nàxiē dōu shì Hánwén zázhì。
那些都是韩文杂志。

建喜 : Nǐ yǒu Hànyǔ shū ma?
你有汉语书吗？

建友 : Hái méiyǒu。Wǒ xiǎng jiè liǎng běn Hànyǔ shū。
还没有。我想借两本汉语书。

建喜 : Nà wǒmen yìqǐ qù túshūguǎn ba! Wǒ yào qù túshūguǎn huán shū。
那我们一起去图书馆吧！我要去图书馆还书。

표현 설명

* '吧' : 서술문의 끝에 사용되어 제안이나 명령 등의 어기를 나타내거나 의문문의 끝에 사용되어 확인하듯이 질문하는 표현으로 사용된다.

2 새로 나온 낱말 1 生词 1

zhè	这	대 이, 이것, 이 사람
nà	那	대 저, 저것, 저 사람 접 그렇다면
xiē	些	양 약간(一些)[수량이 확실하지 않을 때]
nàxiē	那些	대 저런 것들[那一些] ↔ 这些(zhèxiē)
shū	书	명 책
dōu	都	부 모두
zázhì	杂志	명 잡지
yǒu	有	동 …을 소유하다 ↔ 没有(méiyǒu)
hái	还	부 아직
xiǎng	想	조동 …하고 싶다 동 생각하다
yào	要	조동 …하려고 하다 동 필요하다
jiè	借	동 빌리다 ↔ 还(huán)
liǎng	两	수 둘[양사 앞에 쓰임]
běn	本	양 권 명 공책
yìqǐ	一起	부 함께
qù	去	동 …로 가다
túshūguǎn	图书馆	명 도서관
ba	吧	조 …하자[권유, 요청], …이지요![추측]

* * * * * * * *

Zhōngwén	中文	고유 중문

3 문형 익히기 1 句型 1

1 yǒu 有

yǒu Hànyǔ shū 有汉语书

yǒu Hànyǔ shū ma 有汉语书吗

Nǐ yǒu Hànyǔ shū ma? 你有汉语书吗？

有	没有

2 zhè 这

zhè shì 这是

zhè shì zázhì 这是杂志

Zhè shì Zhōngwén zázhì。 这是中文杂志。

那	这些	那些

3 yìqǐ 一起

yìqǐ qù 一起去

yìqǐ qù túshūguǎn 一起去图书馆

yìqǐ qù túshūguǎn ba 一起去图书馆吧

Wǒmen yìqǐ qù túshūguǎn ba! 我们一起去图书馆吧！

学校(xuéxiào 학교)	书店(shūdiàn 서점)
商店(shāngdiàn 상점)	饭店(fàndiàn 식당, 호텔)

4 표현 익히기 2 课文2

建喜 : Nǐ qù nǎr?
你去哪儿?

建友 : Wǒ qù yínháng。
我去银行。

建喜 : Xuéxiào fùjìn yǒu yínháng ma?
学校附近有银行吗?

建友 : Yǒu, Jiù zài shítáng pángbiān。Lí zhèr bù yuǎn。Nǐ qù nǎlǐ?
有, 就在食堂旁边。离这儿不远。你去哪里?

建喜 : Wǒ huíjiā。Míngtiān yǒu Hànyǔ kǎoshì, Wǒ yào fùxí shēngcí。
我回家。明天有汉语考试, 我要复习生词。

建友 : Míngtiān wǒ yě kǎoshì, Wǒ Jīntiān wǎnshang zài túshūguǎn xuéxí。
明天我也考试, 我今天晚上在图书馆学习。

建喜 : Jiāyóu
加油!

5 새로 나온 낱말 2 生词2

nǎr	哪儿	대 어디, 어느 곳 = 哪里(nǎlǐ)
yínháng	银行	명 은행
xuéxiào	学校	명 학교
fùjìn	附近	(방위)명 부근, 근처
jiù	就	부 바로, 즉시, 당장
zài	在	동 …에 있다 개 …에서
shítáng	食堂	명 식당
pángbiān	旁边	(방위)명 옆
lí	离	개 ~에서부터(거리의 간격)
zhèr	这儿	대 여기, 이곳 = 这里(zhèlǐ)
yuǎn	远	형 (거리상)멀다 ↔ 近(jìn)
huíjiā	回家	동 귀가하다
míngtiān	明天	명 내일
kǎoshì	考试	명 시험 동 시험을 치다
fùxí	复习	동 복습하다
shēngcí	生词	명 새로 나온 낱말
jīntiān	今天	명 오늘
wǎnshang	晚上	명 저녁 ↔ 早上(zǎoshang)
jiāyóu	加油	동 힘내, 파이팅

6 문형 익히기 2 句型 2

1

xiǎng qù	想去
xiǎng qù túshūguǎn	想去图书馆
Wǒ xiǎng qù túshūguǎn。	我想去图书馆。

要

2

qù jiè	去借
qù túshūguǎn jiè	去图书馆借
qù túshūguǎn jiè shū	去图书馆借书
qù túshūguǎn jiè Hànyǔ shū	去图书馆借汉语书
Wǒ qù túshūguǎn jiè Hànyǔ shū。	我去图书馆借汉语书。

还

3

zài jiā	在家
zài jiā xuéxí	在家学习
zài jiā xuéxí Hànyǔ	在家学习汉语
Wǒ zài jiā xuéxí Hànyǔ。	我在家学习汉语。

学校　　教室(jiào shì 교실)

4

lí	离
lí zhèr	离这儿
lí zhèr hěn yuǎn	离这儿很远。

学校　近
家　远

7 문법 이해 语法

1 지시대명사

근 칭	这 zhè	이, 이것	这儿 zhèr 这里 zhèlǐ	여기
원 칭	那 nà	저, 저것	那儿 nàr 那里 nàlǐ	저기
의문칭	哪 nǎ	어느, 어느 것	哪儿 nǎr 哪里 nǎlǐ	어디

2 양사

'两本书'처럼 명사를 세는 단위를 '양사'라고 한다. 양사는 수사와 결합하여 명사를 수식하는 관형어가 된다. 형식은 '수사 + 양사 + 명사'이다.

一个学生 / 三本书

양사 '些'는 '약간'의 뜻. 명사 앞에 쓰여 확정적이지 않은 적은 수량을 나타낸다. '一'은 사용하기도 하고 생략하기도 한다.

我有(一)些汉语书。
这些书都是中文书。

3 조동사 想 / 要

'想 / 要 + 동사'의 구성으로 '… 하고 싶다'거나 '… 하려고 한다'는 뜻을 나타낸다. '想'과 '要'의 부정형은 '不想'을 사용한다. '不要'는 '… 하지 말라'는 뜻으로, 금지를 나타낸다.

我想去中国。　→　我不想去中国。
我要去图书馆。　→　我不想去图书馆。*cf.* 你不要去图书馆。

* '要'는 일반 동사로 '… 을 원한다'거나 '… 이 필요하다'는 의미이다.
　我要汉语书。
* "我要饭。"의 경우는 '밥을 달라'는 의미보다 '빌어먹다'의 의미이다.

4 '在'의 용법

'在 + 장소'는 '… 에 있다'는 존재의 의미를 나타낸다. '在'는 동사이다.

他在学校。

'在 … + 동사'는 '… 에서 … 을 하다'의 뜻으로, 동작이 일어나는 장소나 시간을 나타낸다. '在'는 전치사이다.

他在学校学习汉语。

5 연동문(连动文)

행위가 일어나는 순서에 따라 두 개 또는 그 이상의 동사를 술어로 사용한 문형이다.

我去图书馆。我还书。　→　我去图书馆还书。
我去图书馆。我借汉语书。　→　我去图书馆借汉语书。

6 '有'자문

소유나 존재를 나타내는 동사로, 부정형은 '没有'이다.

我有汉语书。/ 我没有汉语书。　(소유 : … 을 가지고 있다.)
桌子上有汉语书。/ 桌子上没有汉语书。(존재 : … 에 존재한다.)

* 桌子(zhuō zi 책상), 上(shàng 위)

MEMO 摘记

8 연습문제 练习

1 소리를 듣고 성조를 표시해 보자.

(1) qiu　jiu　　(2) jing　xing

(3) quan　xuan　　(4) ju　qu

(5) bie　pie　　(6) jun　qun

2 소리를 듣고 알맞은 표현을 골라 보자.

(1)

A 中文书　B 语法书　C 图书馆　D 写字本

(2)

A 银行　B 食堂　C 教室　D 学校

3 한어병음을 적고 서로 대화를 나누어 보자.

(1) 你有中文书吗? ______________________________?

[有　还没有　有两本]

(2) 你在哪儿学习汉语? ______________________________?

[学校　家　图书馆　教室]

(3) 你晚上想做什么? ______________________________?

[写汉字　听音乐　复习生词]

(4) 你家离学校远不远? ______________________________?

[很远　不远　不太远　很近　不太近]

4 다음 글을 읽고 물음에 대답해 보자.

Wǒ hái méiyǒu Hànyǔ shū。 Wǒ hé Jiàn yǒu yìqǐ qù túshūguǎn, túshūguǎn zài yínháng pángbiān。 wǒ jiè shū, tā huán shū。

我还没有汉语书。我和建友一起去图书馆，图书馆在银行旁边。我借书，他还书。

Wǎnshang tā zài jiā xuéxí Hànyǔ。 Míngtiān wǒ yǒu Yīngyǔ kǎoshì, wǒ yào nǔlì xuéxí。

晚上他在家学习汉语。明天我有英语考试，我要努力学习。

* 努力(nǔlì 열심히)

(1) 谁去图书馆还书?

(2) 建友在哪儿学习汉语?

(3) '我'明天有考试吗?

(4) 图书馆在哪儿?

5 다음을 중국어로 표현해 보자.

(1) 이 책들은 모두 중국어 잡지입니다.

______________________________。

(2) 나는 건국대학교에서 중국어를 공부합니다.

______________________________。

(3) 나는 도서관에 가서 중국어책을 빌리려고 합니다.

______________________________。

(4) 우리 집은 학교에서 멀지 않다.

______________________________。

○ 다음 한자를 필순과 필획에 유의하여 써보자.

这 zhè	这	这					
书 shū	书	书					
儿 ér	儿	儿					
杂 zá	杂	杂					
还 huán / hái	还	还					
图 tú	图	图					
馆 guǎn	馆	馆					
试 shì	试	试					

都 dōu	都	都					
想 xiǎng	想	想					
吧 ba	吧	吧					
要 yào	要	要					
两 liǎng	两	两					
复 fù	复	复					
词 cí	词	词					
晚 wǎn	晚	晚					
家 jiā	家	家					

한자 글꼴의 변천

갑골문(甲骨文): 은(殷)나라 말기에 사용하여 3천년이 넘으며, 공인된 최초의 한자이다. 귀갑(龟甲)과 수골(兽骨)에 칼로 새겨 날카롭고 가늘다.

금문(金文): 동기(铜器)에 새긴 글자로 서주(西周) 때에 사용하였으며 자형은 굵고 무디다.

소전(小篆): 진시황제가 육국문자(六国文字)를 통일하여 만든 것으로, 상형의 회화성을 벗어나 문자적 기호성에 접근한 글꼴로 평가된다.

예서(隶书): 편리한 행정업무를 위하여 만든 것으로, 소전의 곡선에서 벗어나 직선의 기호성과 네모꼴 한자의 전형을 확보함으로써 이후 글꼴의 표준이 되었다.

초서(草书): 글자 쓰기의 실용성과 신속성을 추구하여 나온 것이다. 나중에는 문자로서의 실용성 대신 서예의 경지로 발전하였다.

해서(楷书): 위진남북조 시기에 나온 글꼴로, 점이나 획을 정확하게 써서 가장 규범적인 한자의 글꼴로 사용된다.

행서(行书): 해서의 규격화에 따른 비능률과 초서의 난해함을 보완하여 나온 글꼴이다. 빠르게 쓸 수 있고 초서보다 이해하기 쉽다.

간화 한자	갑골문 甲骨文	금문 金文	소전 小篆	예서 隶书	초서 草书	해서 楷书	행서 行书
车	車	車	車	車	车	車	車
马	馬	馬	馬	馬	马	馬	馬

번체자와 간화자

오늘날 중국에서는 한자의 정자(正字) 이외에도 정자의 필획을 간략하게 바꾼 약자(略字)가 통용된다. 중국에서는 흔히 정자를 일러 '번체자(繁体字, fántǐzì)'라고 하고, 약자는 '간체자(简体字, jiǎntǐzì)'라고 부른다.

그런데 '간체자'에는 국가 기구의 검토를 거쳐 공인된 약자와 민간에서 임의로 만들어 쓰는 비공인 약자의 두 가지가 있다.

예를 들어 '주차하다'는 뜻의 '정차(停车)'는 일상에서 '仃车'로 표기하기도 하는데, '停'을 '仃'으로 쓰는 것은 민간에서 임의로 만든 약자이고, '車'를 '车'로 쓰는 것은 국가가 공인한 약자이다.

그런데 이런 차이점이 있음에도 불구하고 이것을 구분하지 않고 흔히 '간체자'라고 통칭한다. 공인된 약자는 '간화한자(简化汉字)'가 정식 명칭으로 '간화자(简化字)'로 약칭된다. 우리가 학습을 통하여 접하고 익히게 되는 중국의 약자는 모두 공인 약자인 간화자이다. 이와는 달리 '간체자'는 공인 약자인 간화자에 비공인 약자를 더한 명칭이다.

간화자는 1955년 처음 만들어졌고, 이후 1964년에 2,238자가 제정되어 지금까지 통용되고 있다. 간화자는 한자의 정자와는 글자의 구조가 다르기 때문에 기존의 한자에 대한 지식과는 별도로 익혀야 한다.

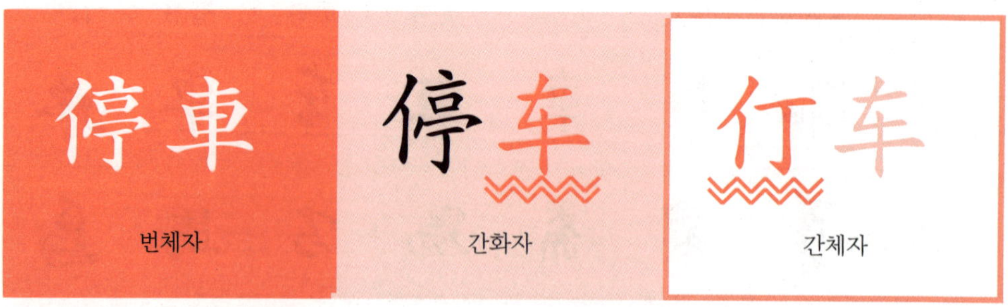

중국의 상용한자

한어를 학습하려면 어느 정도의 한자를 익혀야 할까?

우리나라를 비롯하여 중국과 일본에서 상용(常用)하는 한자는 유사성이 많다. 중국의 경우는 1988년 국가어언문자공작위원회(国家语言文字工作委员会)와 국가교육위원회(国家教育委员会)에서 상용자 2,500자와 차(次)상용자 1,000자를 제정하여 사용하고 있고, 일본은 1981년 문부성(文部省)에서 제정한 상용한자 1,945자를 사용하고 있다. 우리나라의 경우도 1972년 교육부(教育部)가 한문교육용 기초한자 1,800자를 제정한 이래로 부분적 개정을 거쳐 사용하고 있다.

세 나라의 상용한자에는 공통되는 글자가 1,569자이다. 따라서 우리나라의 기초한자를 기반으로 하고, 여기에 중국에서 사용되는 약간의 글자를 더 익힌다면 중국어 학습에 있어서 한자에 대해서는 큰 어려움이 없다고 하겠다. 실제로 중국의 신문을 보기 위해서는 약 2,500자 정도를 알면 어려움 없이 읽어낼 수 있다. 또 수십만 자가 인쇄되어 있는 책을 보는 데도 이 정도 한자 지식이면 90% 이상을 읽어낼 수 있다.

그러므로 이제껏 한자 공부를 소홀히 하였다 하여도 차근차근 익혀 나간다면 큰 어려움 없이 한자와 중국어를 공부할 수 있을 것이다. 다만 자신감을 가지고 꾸준히 익혀 나가야 한다.

膽	胆	胆	膽
鹽	盐	塩	鹽
習	习	習	習

MEMO 摘记

제 4 과

你几点上课?

Nǐ jǐdiǎn shàngkè?

몇 시에 수업하나요?

1 표현 익히기 1 课文 1

建喜 : Xiànzài jǐdiǎn le?
现在几点了？

建友 : Yǐjīng yīdiǎnbàn le。 Nǐ zěnme cái lái?
已经一点半了。你怎么才来？

建喜 : Duìbuqǐ, Wǒ gāng xiàkè。
对不起，我刚下课。

建友 : Nǐ jǐdiǎn shàngkè?
你几点上课？

建喜 : Wǒ cóng zǎoshang jiǔdiǎn dào xiàwu yīdiǎn yìzhí shàngkè。
我从早上九点到下午一点一直上课。

建友 : Nǐ měitiān jǐdiǎn qǐchuáng?
你每天几点起床？

建喜 : Bādiǎn shíwǔfēn。 Nǐ xīngqījǐ yǒu hànyǔ kè?
八点十五分。你星期几有汉语课？

建友 : Zhōusān xiàwǔ yīdiǎn。 Nǐ xiànzài yídìng hěn è ba?
周三下午一点。你现在一定很饿吧？

建喜 : Duì, Wǒ méi shíjiān chī zǎofàn。
对，我没时间吃早饭。

建友 : Nà wǒmen yìqǐ qù chī fàn ba!
那我们一起去吃饭吧！

建喜 : Hǎo a!
好啊！

보충 설명	没(有)时间 + 동사/동사구 ~할 시간이 없다

2 새로 나온 낱말 1 生词 1

xiànzài	现在	명 현재
diǎn	点	명 시 = 时(shí)
le	了	조 [시간의 경과를 표시]
yǐjīng	已经	부 이미
bàn	半	명 절반, 여기서는 30분
zěnme	怎么	대 어째서 = 为什么(wèishénme)
cái	才	부 이제야
lái	来	동 오다
gāng	刚	부 방금
xīngqī	星期	명 요일, 주 = 周(zhōu), 礼拜(lǐbài)
fēn	分	명 분
cóng	从	개 … 부터
dào	到	개 … 까지
xiàwǔ	下午	명 오후 ↔ 上午(shàngwǔ)
yìzhí	一直	부 계속해서, 줄곧, 끊임없이
měitiān	每天	부 날마다 명 매일 = 每日(měirì)
chī	吃	동 먹다
zǎoshang	早上	명 아침 ↔ 晚上(wǎnshang, 저녁)
qǐchuáng	起床	동 [잠자리에서] 일어나다
zǎofàn	早饭	명 아침밥 ↔ 晚饭(wǎnfàn)
duì	对	형 맞다 ↔ 错(cuò 틀리다)
shíjiān	时间	명 시간 = 空儿(kòngr)

yídìng	一定	부 반드시, 분명히
è	饿	형 배고프다
a	啊	조 긍정을 나타냄[감탄]

3 문형 익히기 1 句型 1

1

diǎn	点
jǐdiǎn	几点
jǐdiǎn le	几点了
Xiànzài jǐdiǎn le?	现在几点了？

09 : 15	九点一刻	* 刻(kè)
09 : 55	差五分十点	* 差(chà)
08 : 25	八点二十五分	* 分(fēn)

2

shíjiān	时间
méi shíjiān	没时间
méi shíjiān chī	没时间吃
Méi shíjiān chī zǎofàn。	没时间吃早饭。

yùndòng	运动
tīng yīnyuè	听音乐
kàn diànshì	看电视

3

è	饿
hěn è	很饿
hěn è ba	很饿吧
Yídìng hěn è ba。	一定很饿吧。

高兴	难
累(lèi 힘들다)	渴(kě 목마르다)

4 표현 익히기 2 课文 2

建喜 : Nǐ zhù nǎr?
你住哪儿?

> 보충 설명
> "在'와 결합하여 표현할 수도 있다.
> * 住在…
> * 在…住

建友 : Wǒ zhù zài xuéxiào sùshè。
我住在学校宿舍。

建喜 : Nǐ juéde sùshè zěnmeyàng?
你觉得宿舍怎么样?

建友 : Tǐng hǎo de, fángjiān suīrán bú dà, dànshì hěn gānjìng。
挺好的，房间虽然不大，但是很干净。

建喜 : Nǐ yǒu tóngwū ma?
你有同屋吗?

建友 : Yǒu, Tā láizì Měiguó。
有，他来自美国。

建喜 : Tā huì shuō Hànyǔ ma?
他会说汉语吗?

建友 : Tā bú huì shuō Hànyǔ, dànshì huì shuō Hányǔ。
他不会说汉语，但是会说韩语。

建喜：Wǎnshang nǐmen zài sùshè zuò shénme?
晚上你们在宿舍做什么？

建友：Yǒu shíhou xiūxi, yǒu shíhou gēn jiārén shìpín liáotiānr。
有时候休息，有时候跟家人视频聊天儿。

建喜：Nà nǐmen shénme shíhou shuìjiào?
那你们什么时候睡觉？

建友：Dàyuē língchén yīdiǎn shuì。
大约凌晨一点睡。

建喜：Tài wǎn le。
太晚了。

보충 설명 '挺…的'와 '太…了'
강조의 의미를 나타낸다. '꽤 … 하다', '너무 … 하다'는 뜻으로, 중간에 대개 형용사가 들어간다.

5 새로 나온 낱말 2 生词2

住	zhù	동 살다. 거주하다
宿舍	sùshè	명 기숙사
挺	tǐng	부 꽤, 제법, 아주
房间	fángjiān	명 방
大	dà	형 크다 ↔ 小(xiǎo 작다)
干净	gānjìng	형 깨끗하다 ↔ 脏(zāng 더럽다)
同屋	tóngwū	명 룸메이트
来自	láizì	동 …로부터 오다
会	huì	조동 …할 줄 안다
说	shuō	동 말하다
休息	xiūxi	동 휴식하다
有时候	yǒu shíhou	부 가끔씩, 종종
什么时候	shénme shíhou	대 언제
跟	gēn	개 …와
家人	jiārén	명 가족
视频	shìpín	명 화상, 동영상
聊天儿	liáotiānr	동 잡담하다
睡觉	shuìjiào	동 잠자다
大约	dàyuē	부 대략, 대강, 얼추 = 大概(dàgài)
凌晨	língchén	명 새벽녘
晚	wǎn	형 늦다
虽然…, 但是…	suīrán … dànshì …	접 비록 …하지만 …
美国	Měiguó	고유 미국

6 문형 익히기 2 句型 2

1 Fángjiān suīrán bú dà, dànshì hěn gānjìng。

房间虽然不大，但是很干净。

她	高(gāo 높다)	漂亮(piàoliang 예쁘다)
汉语	容易	有意思(yǒuyìsi 재미있다)

2 huì shuō　会说

huì shuō Hányǔ　会说韩语

Tā huì shuō Hányǔ。　他会说韩语。

日语	法语(Fǎyǔ 프랑스어)
德语(Déyǔ 독일어)	

3 Yǒu shíhou xiūxi, yǒu shí hou shì pín liáo tiānr。

有时候休息，有时候视频聊天儿。

学习	睡觉
在家	去图书馆
唱歌(chàng gē 노래하다)	跳舞(tiào wǔ 춤추다)

4 lái　来

láizì　来自

láizì Měiguó　来自美国

首尔(Shǒu'ěr 서울)	北京(Běijīng 베이징)
东京(Dōngjīng 도쿄)	

7 문법 이해 语法

1 숫자 표현법

1 기수(基数)의 표현

零 / ○	一	二	三	四	五	六	七
líng	yī	èr	sān	sì	wǔ	liù	qī
八	九	十	百	千	万	亿	兆
bā	jiǔ	shí	bǎi	qiān	wàn	yì	zhào

十一, 十二, ……, 十九, 二十, 二十一 …… 九十九,
一百, 一百○一, …… 一百三(十), 一百三十一 ……, 一千, 一万

2 서수(序数)의 표현

기수의 앞에 순서를 나타내는 '第(dì)'를 붙여 읽는다.

第一, 第二, 第三, ……

2 시간 표현법

시	点(diǎn)	※ 구어에서 주로 사용한다.
	时(shí)	
분	分(fēn)	※ 分钟(fēn zhōng … 분간)
초	秒(miǎo)	

15분과 45분은 각각 一刻(yíkè)와 三刻(sānkè)로, 30분은 半(bàn)으로도 표현한다.

'몇 시 몇 분 전'에 해당하는 표현으로 差(chà, 부족하다/모자라다)를 사용한다.

'분(分)'의 단위는 생략할 수 있다.

7시 45분 → 七点四十五(分) / 七点三刻
3시 30분 → 三点三十(分) / 三点半
2시 55분 → 两点五十五(分) / 差五分三点

날짜나 시간을 물을 때는 의문사 '几(jǐ)'를 사용한다.

3 요일 표현법

* 星期(xīng qī) = 周(zhōu) = 礼拜(lǐ bài)

월요일	星期一	周一	礼拜一	금요일	星期五	周五	礼拜五
화요일	星期二	周二	礼拜二	토요일	星期六	周六	礼拜六
수요일	星期三	周三	礼拜三	일요일	星期日	周日	礼拜日
목요일	星期四	周四	礼拜四		星期天		礼拜天

4 명사술어문

명사가 서술어가 되는 문형으로, 숫자와 관련된 것이 많으며, 국적, 출신지 등을 표현하는 경우에도 사용된다. 부정표현은 반드시 알맞은 동사를 사용하여야 한다.

今天星期几？ ↔ 今天星期四。
今天星期天。 ↔ 今天不是星期天。
我北京人。 ↔ 我不是北京人。

5 전환복문

서로 연관된 어떤 사실을 앞에서 먼저 이야기한 다음에 다시 뒤에서 그와 상반된 의미를 표현한다. '虽然', '是'는 생략하여도 되고, '但是' 대신 '可是(kěshì, 그러나)'를 써도 된다.

房间（虽然）不大，但(是) 很干净。
她（虽然）个子不高，但(是) 很漂亮。　* 个子(gèzi 키)

6 조동사 会

'… 을 할 줄 안다'는 뜻으로, 경험하거나 배워서 어떤 능력을 갖추었음을 나타낸다.

我会唱歌，不会跳舞。
* 唱歌(chàng gē 노래하다)，跳舞(tiào wǔ 춤추다)

8 연습문제 练习

1 대화 내용을 듣고 보기에서 정답을 골라 보자.

	A	B	C	D
(1)	干净	不大	太小	很脏
(2)	7 : 15	7 : 45	7 : 05	7 : 55
(3)	汉语	韩语	英语	日语

2 소리를 듣고 알맞은 말을 빈칸에 넣어 표현을 완성해 보자.

(1) __________八点半了。

(2) __________星期一__________星期五都有课。

(3) 我__________美国。

(4) 房间__________不大，__________很干净。

3 아래 주어진 내용으로 서로 대화를 나누어 보자.

(1) 你什么时候上汉语课？

(2) 你住在哪儿？

(3) 你觉得学校宿舍怎么样？

(4) 你会说汉语吗？

4 다음 글을 읽고 물음에 대답해 보자.

Jiàn xǐ shàng wǔ jiǔ diǎn shàng kè, tā měi tiān hěn máng, zǎo shang méi shí jiān chī fàn。Tā zhù zài xué xiào sù shè, tā jué de sù shè bú dà, dàn hěn gān jìng。
建喜上午九点上课，他每天很忙，早上没时间吃饭。他住在学校宿舍，他觉得宿舍不大，但很干净。

Tā tóng wū lái zì Měi guó, tā bú huì shuō Hàn yǔ, dàn huì shuō Hán yǔ。
他同屋来自美国，他不会说汉语，但会说韩语。

(1) 建喜每天几点上课?

(2) 建喜觉得学校宿舍怎么样?

(3) 建喜的同屋是哪国人? 他会不会说汉语?

5 다음을 중국어로 표현해 보자.

(1) 중국어는 비록 한자는 어렵지만 문법은 어렵지 않다.

______________________________。

(2) 나는 때로는 도서관에서 중국어를 공부하고, 때로는 기숙사에서 휴식한다.

______________________________。

(3) 나는 매일 저녁에 가족들과 화상채팅을 한다.

______________________________。

(4) 나의 룸메이트는 중국어는 할 줄 모르지만 한국어는 할 줄 안다.

______________________________。

○ 다음 한자를 필순과 필획에 유의하여 써보자.

点	点	点					
diǎn							
从	从	从					
cóng							
课	课	课					
kè							
饭	饭	饭					
fàn							
时	时	时					
shí							
宿	宿	宿					
sù							
虽	虽	虽					
suī							
然	然	然					
rán							

几 jǐ	几	几					
经 jīng	经	经					
每 měi	每	每					
饿 è	饿	饿					
间 jiān	间	间					
来 lái	来	来					
候 hou	候	候					
视 shì	视	视					
挺 tǐng	挺	挺					

중국의 교육제도와 대학생활

중국의 교육제도

중국의 교육은 "세계와 미래, 현대화를 향해"를 지향하며, 유치원의 취학전 교육에서 시작하여 초등교육, 중등교육(중학교+고등학교), 고등교육(대학)으로 진행된다.

중등교육은 지방정부가 담당하는데, 초등중학, 보통고등중학, 직업고등중학, 중등전문학교로 나뉜다. 보통중학은 초등중학과 고등중학으로 나뉘며 학제는 각 3년씩이다. 초등중학을 졸업하면 고등중학, 직업고등중학, 중등전문학교로 진학한다.

중국에서는 대학을 '보통고등학교(普通高等学校)', 줄여서 '고교(高校)'라고 하며, 한국에서의 고등학교는 '고급중학(高级中学)', 즉 '고중(高中)'이라고 부른다. 중국 교육부의 통계에 따르면, 중국의 고등교육기관은 2,879개(2018년 3월 기준)이다. 여기에는 2년제와 4년제의 정규 대학 이외에도 사회인의 기술 훈련, 고등교육, 문맹퇴치교육 등을 위하여 설립한 직업학교와 평생교육기관이 포함된다. 이들 대학은 대부분 국가교육위원회나 지방정부의 교육국에 소속된 국공립학교이지만 2000년대에 들어 고등교육 수요가 폭증하면서 설립된 사립학교인 '민반(民办)'도 있다.

가오카오 시행 장면

가오카오(高考)

보통고등학교초생전국통일시험(普通高等学校招生全国统一考试).

매년 6월 7일과 8일에 이틀 동안 시행되며, 응시생은 1,000만 명에 육박한다. 중국에서는 대입 전형에서 가오카오의 비중이 100%이기 때문에 그만큼 중요하다. 소수민족에게는 대학 전형 때에 별도의 가산점이 주어진다.

중국의 명문대[名牌大学]

중국의 명문대학은 대개 '중점대학(重点大学)'이라고 하는데, 중점대학은 전국적으로 분포하여 서울에 명문대학이 집중된 한국과는 사정이 다르다. '중점대학'은 대부분 공립인 점도 사립 위주인 한국과는 다른 점이다. 중국에서 사립대학은 인지도가 낮고 학비도 비싸다.

고교생들이 가장 선망하는 대학은 교육시스템과 교육환경이 뛰어난 베이징대와 칭화대로, 이 두 대학은 중국 최고의 명문으로 꼽힌다.

베이징대[北京大学]

1898년에 경사대학당(京师大学堂)으로 출발하여 1912년에 중화민국의 수립과 더불어 국립 베이징대학이 되었다.

근대 중국의 신사상과 신문화의 요람이자 5.4운동의 발원지이기도 하다.

중국의 명문 베이징대(서문)

칭화대[清华大学]

1911년에 미국 유학 대상자 교육을 위하여 만든 칭화학당(清华学堂)에서 출발하여 1928년 국립칭화대학이 되었다.

노벨물리학상수상자와 후진타오, 시진핑 등 중국의 정치 지도자를 배출하였다.

중국의 명문 칭화대(정문)

중국의 대학생활

중국에서는 대학의 학부를 '본과(本科)'라고 하고 대학원생을 '연구생(研究生)'이라고 한다. 중국에서는 매년 9월에 새 학년이 시작한다.

중국 대학생의 군사훈련 모습

신입생들은 남녀 구분 없이 개강에 앞서 1개월 동안 '군사훈련[军训]'을 받는데, 대개 교관이 학교를 찾아와 교육한다.

중국 대학생의 생활은 규칙적인 편으로 지역에 따라 차이가 있지만, 대개 오전 8시부터 오후 5시까지는 교과수업이 있어서 한국처럼 아르바이트를 할 시간적 여유는 많지 않다.

상하이에 있는 대학의 최신형 기숙사 모습

중국에서는 대부분 기숙사[宿舍] 생활을 하며, 외부에서 거처하려면 학교의 승인을 받아야 한다. 기숙사는 대개 4인 1실(2인~8인까지로 다양함)이고 화장실과 샤워장은 공용이 일반적이다.

재미있는 것은 저녁 11시~12시 무렵부터 이튿날 아침까지는 의무적으로 소등하여야 한다는 점이다. 이것은 1950년대부터 내려온 관례인데, 에너지 절약과 규칙적 생활습관을 위한 것이라고는 하나 최근에는 학생의 권익 침해를 내세우며 반대하는 목소리가 커지고 있다.

중국의 대학생들도 한국과 마찬가지로 심각한 취업난에 시달린다. 하지만 취업준비 때문에 휴학하는 것은 어려우며 건강상의 이유 등 특별한 경우에만 휴학이 허용된다.

MEMO 摘记

제 5 과

复习

Fùxí

복습

1 복습 复习

1 발음 연습

1 yī èr sān, sān èr yī。

一 二 三， 三 二 一。

yī èr sān sì wǔ liù qī。

一 二 三 四 五 六 七。

sì wǔ liù, qī bā jiǔ。

四 五 六， 七 八 九。

Wǒmen dōu shì hǎo péngyou。

我们 都 是 好 朋友。

2 Wǒ shì dàxuéshēng, shàngkè hěn yònggōng。

我是大学生，上课很用功。

Lǎoshī shuō de huà, wǒ dōu néng tīng dǒng。

老师说的话，我都能听懂。

* 用功(yòng gōng 열심히 공부하다), 听懂(tīng dǒng 알아듣다)

2 문법 확인

* 제1과부터 제5과까지에서 학습한 기본 문법을 복습해 보자.

1 정반의문에는 '吗'를 사용하지 않는다.

汉语难不难吗？	(×)	→	汉语难不难？	(○)
你是不是韩国人吗？	(×)	→	你是不是韩国人？	(○)
你有没有汉语书吗？	(×)	→	你有没有汉语书？	(○)

2 의문대명사를 사용한 표현에서는 '吗'를 사용하지 않는다.

你几岁了吗？	(×)	→	你几岁了？	(○)
他是谁吗？	(×)	→	他是谁？	(○)
这是谁的汉语书吗？	(×)	→	这是谁的汉语书？	(○)

3 조동사 '要'의 부정형은 '不想'이다. '不要'는 금지형이다.

我要去学校。

我不要去学校。	(×)	→	我不想去学校。	(○)

4 명사술어문의 부정형은 '是' 등의 동사를 반드시 사용한다.

今天不是星期天。	(○)	↔	今天不星期天。	(×)
他不是二十岁。	(○)	↔	他不二十岁。	(×)

5 시간을 나타내는 상황어(부사어)는 장소를 나타내는 상황어(부사어) 앞에 사용된다.

我今天晚上在家复习汉语生词。
T.W. P.W.

6 '们'은 사람에게 사용하며, 사물이나 동식물에게는 사용할 수 없다. 사물이나 동식물의 복수는 '些를 이용하여 나타낼 수 있다.

老师们	(ㅇ)		同学们	(ㅇ)
书们	(×)	→	这些书	(ㅇ)
狗们	(×)	→	一些狗	(ㅇ)

* 狗(gǒu 개)

3 다음 주제에 따라 서로 대화를 나누어 보자.

1 인사하기

보 기 A：你最近怎么样？ B：我最近很忙。

2 중국어에 대한 생각

보 기 A：汉语难不难？ B：汉语语法不难。

3 장소 묻기

보 기 A：银行在哪儿？ B：银行在食堂旁边。

4 하루 일과 소개

보 기 A：你每天几点上课？ B：我每天上午九点上课。

중국문화산책 - 한시의 이해와 감상

중국의 한시(汉诗)

중국은 예전에 시(诗)의 왕국으로 불렸듯이, 시는 중국 고전문학의 백미이다. 한시는 3000년 이전에 나온 『시경(诗经)』에서 비롯된 이래로 지금까지 그 전통을 이어온다. 특히 당(唐)나라 때에는 율격이 엄격한 근체시(近体诗)가 완성되어 한층 다양한 창작이 이루어져 중국 시의 황금시대로 평가되는데, 당시에 지은 작품 가운데는 지금까지도 48,900수가 전한다. 한시는 또한 한국, 일본, 베트남, 류큐(琉球) 등 한자 문화권에 널리 전파되었기 때문에 결코 낯설지 않은 장르이기도 하다. 그러나 한시를 지으려면 한문에 능숙해야 하고 아울러 평측(平仄), 압운(押韵), 대우(对偶) 등 복잡한 작법(作法)을 잘 알아야 한다.

한편 중국의 시인 가운데는 자신만의 독특한 작품세계로 특이한 별명을 얻은 이들이 많다. 당나라 시인들의 경우를 보면, 두보(杜甫)는 시를 짓는 성인이라는 뜻으로 '시성(诗圣)'이라고 하고, 이백(李白)은 시를 짓는 신선이라는 뜻으로 '시선(诗仙)'이라고 하며, 왕유(王维)는 시를 짓는 부처라는 뜻으로 '시불(诗佛)'이라고 하고, 이하(李贺)는 시를 짓는 귀재라는 뜻으로 '시귀(诗鬼)'라고 불렸다.

오언율시(五言律詩) [측기식(仄起式)]의 시보(詩譜) 예시

[수련(首联)]	●●○○● ○○●●○[韵]
[함련(颔联)]	◐○○●● ◐●●○○[韵]
[경련(颈联)]	●●○○● ○○●●○[韵]
[미련(尾联)]	●●○○● ○○●●○[韵]

작품 감상

静夜思 JÌNG YÈ SĪ

唐 Táng　　李白 Lǐ Bái

床前明月光， 상전명월광
Chuángqián míngyuè guāng，

疑是地上霜。 의시지상상
Yí shì dìshàng shuāng。

举头望明月， 거두망명월
Jǔ tóu wàng míngyuè，

低头思故乡。 저두사고향
Dī tóu sī gùxiāng。

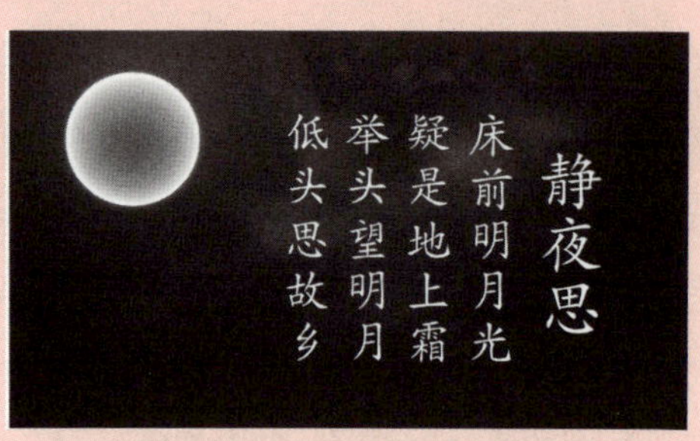

※ 위 작품을 읽고 따라서 쓰며 뜻을 파악하자.

乐游原 LÈ YÓU YUÁN

唐 Táng　李商隐 Lǐ Shāngyǐn

向晚意不适， 향만의부적
Xiàngwǎn yì bú shì，

驱车登古原。 구거등고원
Qū chē dēng gǔyuán。

夕阳无限好， 석양무한호
Xīyáng wúxiàn hǎo，

只是近黄昏。 지시근황혼
Zhǐ shì jìn huánghūn。

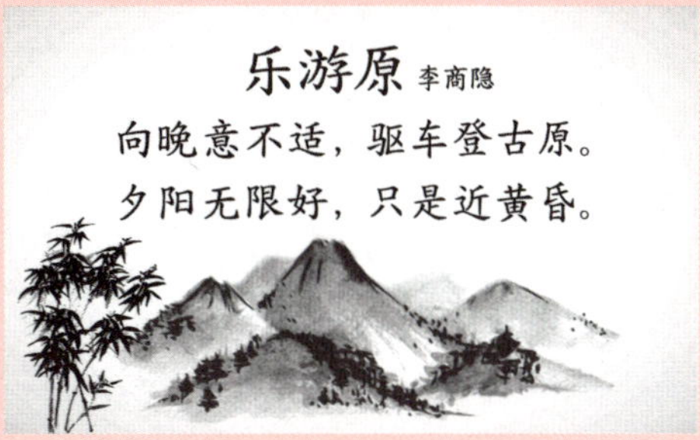

※ 위 작품을 읽고 따라서 쓰며 뜻을 파악하자.

MEMO 摘记

제 6 과

你家有几口人?

Nǐ jiā yǒu jǐ kǒu rén?

당신은 가족이 몇 명인가요?

1 표현 익히기 1 课文 1

建友 : 请进，欢迎欢迎！
Qǐngjìn, huānyíng huānyíng!
这里是我的房间，你随便看一下儿。
Zhèlǐ shì wǒ de fángjiān, nǐ suíbiàn kàn yíxiàr。

建喜 : 这张照片是你家的全家福吧。你家有几口人？
Zhèzhāng zhàopiàn shì nǐjiā de quánjiāfú ba。 Nǐjiā yǒu jǐ kǒu rén?

보충 설명 '看一下儿'은 '看看'이나 '看一看'처럼 동사를 중첩하여 표현할 수도 있다.

建友 : 我家有六口人，奶奶、爸爸、妈妈、一个哥哥、一个姐姐和我。
Wǒjiā yǒu liùkǒu rén, nǎinai、bàba、māma、yíge gēge、yíge jiějie hé wǒ。

建喜 : 你奶奶看起来很年轻，她多大年纪了？
Nǐ nǎinai kàn qǐlái hěn niánqīng, tā duōdà niánjì le?

建友 : 已经八十多岁了。
Yǐjīng bāshí duō suì le。

建喜 : 你姐姐非常漂亮，她今年多大了？
Nǐ jiějie fēicháng piàoliang, tā jīnnián duōdà le?

建友 : 三十二岁，她比我大两岁。
Sānshíèr suì, tā bǐ wǒ dà liǎngsuì。

建喜：　这个男孩子看起来很可爱，他今年几岁了？
Zhège nán háizi kàn qǐlái hěn kě'ài, tā jīnnián jǐ suì le?

建友：　三岁了，他属虎，是我哥哥的儿子。你家有什么人？
Sān suì le。Tā shǔ hǔ。Shì wǒ gēge de érzi。Nǐjiā yǒu shénme rén?

建喜：　我家只有三口人，我没有兄弟姐妹，我是独生子。
Wǒjiā zhǐ yǒu sānkǒu rén, Wǒ méiyǒu xiōngdì jiěmèi, wǒ shì dúshēngzǐ。

建友：　真羡慕你啊！
Zhēn xiànmù nǐ a!

2 새로 나온 낱말 1 生词 1

请进	qǐngjìn	들어오세요
欢迎	huānyíng	동 환영하다
随便	suíbiàn	부 마음대로, 편한 대로
看	kàn	동 보다
一下儿	yíxiàr	양 [동사의 뒤에서] 좀 … 하다
张	zhāng	양 장
照片	zhàopiàn	명 사진
全家福	quánjiāfú	명 가족사진
口	kǒu	양 명[가족의 수를 세는 단위]
奶奶	nǎinai	명 할머니
爸爸	bàba	명 아빠
妈妈	māma	명 엄마
哥哥	gēge	명 오빠, 형
姐姐	jiějie	명 언니, 누나
看起来	kàn qǐlái	동 보기에 … 하다, … 해 보인다
年轻	niánqīng	형 젊다
多大	duōdà	대 얼마
年纪	niánjì	명 연세 = 岁数(suì shu)
多	duō	수 여[어림수의 표현]
岁	suì	명 살[나이]
非常	fēicháng	부 대단히
漂亮	piàoliang	형 예쁘다

今年	jīnnián	명 올해
比	bǐ	개 … 보다
儿子	érzi	명 아들 ↔ 女儿(nǚ ér 딸)
可爱	kě'ài	형 귀엽다
孩子	háizi	명 아이
属	shǔ	동 … 띠에 해당하다
虎	hǔ	명 호랑이
独生子	dúshēngzǐ	명 외아들
兄弟姐妹	xiōngdì jiěmèi	명 형제자매
只	zhǐ	부 단지
真	zhēn	부 정말로
羡慕	xiànmù	동 부러워하다

3 문형 익히기 1 句型 1

1 jǐkǒu rén 几口人
yǒu jǐkǒu rén 有几口人
Nǐjiā yǒu jǐkǒu rén? 你家有几口人？

三口人 五口人
什么人

2 duōdà le 多大了
duōdà niánjì le 多大年纪了
jīnnián duōdà niánjì le 今年多大年纪了
Nǐ jīnnián duōdà niánjì le? 你今年多大年纪了？

几岁 多大
多大岁数

3 niánqīng 年轻
hěn niánqīng 很年轻
Kàn qǐlái hěn niánqīng。 看起来很年轻。

漂亮
好看(hǎokàn 예쁘다)
健康(jiànkāng 건강하다)
好吃(hǎochī 맛있다)

4 표현 익히기 2 课文 2

建喜： Wéi, Jiànyǒu zài ma?
喂，建友在吗？

建友： Wǒ jiù shì。 Jiànxǐ, Nǐ yǒu shénme shìqíng ma？
我就是。建喜，你有什么事情吗？

建喜： Hòutiān wǎnshang nǐ yǒu shíjiān ma?
后天晚上你有时间吗？

> **보충설명**
> '什么事情'의 '什么'는 의문을 나타내는 것이 아니라 확정적이 아닌 것을 나타낸다.

建友： Zěnme le?
怎么了？

建喜： Wǒ kuàiyào guò shēngri le, xiǎng gēnnǐ yìqǐ qù mǎi lǐwù。
我快要过生日了，想跟你一起去买礼物。

建友： Nǐ de shēngri shì jǐyuè jǐhào?
你的生日是几月几号？

建喜： Bāyuè jiǔhào, zhège xīngqīliù。
八月九号，这个星期六。

建友： Zhù nǐ shēng ri kuàilè! Rúguǒ wǒ bù zài kāfēitīng dǎgōng,
祝你生日快乐！如果我不在咖啡厅打工，
jiù néng gēnnǐ qù。
就能跟你去。

	Rúguǒ nǐ néng lái, jiù gěiwǒ dǎ diàn huà ba! wǒ de shǒujī
建喜：	如果你能来，就给我打电话吧！我的手机
	hàomǎ shì líng yāo líng bā bā liù liù yāo liù bā bā。
	号码是 0 1 0 8 8 6 6 1 6 8 8。
	Hǎo de。
建友：	好的。

5 새로 나온 낱말 2 生词2

喂	wéi	감 여보세요(부르는 소리)
事情	shìqíng	명 일, 사정 = 事儿(shìr)
后天	hòutiān	명 모레 ↔ 前天(qiántiān 그저께)
快要 … 了	kuàiyào … le	부 곧 … 하려고(가 되려고) 하다
过	guò	동 치르다, 쇠다
生日	shēngrì	명 생일
月	yuè	명 월
号	hào	명 일 = 日(rì)
买	mǎi	동 사다 ↔ 卖(mài)
礼物	lǐwù	명 선물
祝	zhù	동 축하하다
快乐	kuàilè	형 즐겁다
咖啡厅	kāfēitīng	명 커피점
打工	dǎgōng	동 아르바이트하다
能	néng	조동 … 할 수 있다
给	gěi	개 … 에게 동 주다
打	dǎ	동 때리다, [여기서는] 전화를 걸다
电话	diànhuà	명 전화
手机	shǒujī	명 휴대폰
号码	hàomǎ	명 번호
如果…, 就…	rúguǒ…, jiù…	접 만약 … 라면, … 하다
怎么了	zěnme le	무슨 일이야?

6 문형 익히기 2 句型2

1 Nǐ de shēngrì shì jǐyuè jǐhào?

你的生日是几月几号?

六月九号
十二月八号
九月二十一号

2 Kuàiyào guò shēngrì le。

快要过生日了。

下课
考试
放暑假 (fàng shǔjià 여름 방학이 되다)

3 Rúguǒ wǒ bù gōngzuò, jiù néng qù。

如果我不工作，就能去。

老师不来，不能上课
有考试，不能不去学校

7 문법 이해 语法

1 나이의 표현

일반성인: 今年多大了？ → 我今年四十五岁了。
어린아이: 今年几岁了？ → 我八岁了。
연장자나 공식적일 경우: 您多大年纪(岁数)了？

2 상태의 변화를 나타내는 '了'의 용법

표현의 끝에 '了'를 붙여 상황의 변화나 시간의 흐름을 나타낸다.

现在三点了。 她今年八十多岁了。

'了'를 붙이지 않는 경우는 단순히 '3시', '80여 세'라는 뜻이다.

现在三点。 她今年八十多岁。

3 개사 '给'

'… 에게 + 동사'의 형식으로, 동작을 받는 대상을 나타낸다.

给我打电话。
我给你介绍一下儿。 * 介绍(jiè shào 소개하다)

'给'는 일반 동사로 '… 에게 … 을 주다'의 형식으로 사용되어 '주다'라는 뜻을 갖는다. '给' 뒤에 두 개 목적어가 올 수 있다.

我给他一本书。

4 조동사 '能'

'… 할 수 있다'의 뜻으로, 타고난 능력이나 특정한 조건 아래에서 가능함을 의미한다.

如果不工作，我就能去你家。

* 她会说汉语。(중국어를 배워서 할 줄 안다는 뜻)

* 她能说汉语。(중국어를 잘한다는 뜻)

5 如果 …… 就 ……

'만약 …… 라면, 곧 …… 이다'는 의미로, 먼저 전제하고 그 결과를 표현한다. '如果'는 주어의 앞과 뒤에 모두 놓일 수 있다.

老师如果不来，我们就不能上课。

如果老师不来，我们就不能上课。

8 연습문제 练习

1 대화 내용을 듣고 보기에서 정답을 골라 보자.

	A	B	C	D
(1)	后天晚上	这个星期天	明天晚上	下个星期天
(2)	漂亮	可爱	年轻	干净
(3)	六口人	四口人	五口人	七口人

2 아래 주어진 내용으로 서로 대화를 나누어 보자.

(1) 你的生日是几月几号?

(2) 你家有几口人? 你家有什么人?

(3) 你今年多大了?

(4) 你属什么?

3 다음 글을 읽고 물음에 대답해 보자.

八月九号星期六是建友的生日，他想跟我去买礼物。 如果那天不工作，我就能去。

建友家有六口人，他奶奶已经八十多岁了，但是看起来很年轻，他姐姐非常漂亮，他哥哥有一个儿子，非常可爱。

我家只有三口人，没有兄弟姐妹，非常孤单，我真羡慕他啊！

* 那天(nà tiān 그날), 孤单(gū dān 외롭다)

(1) 建友的奶奶今年多大年纪了?

(2) 建友的奶奶看起来怎么样?

(3) "我"能不能跟建友去买礼物?

(4) "我"为什么(wèi shénme 왜) 羡慕建友? (因为 yīnwèi … 때문에)

4 다음을 중국어로 표현해 보자.

(1) 만약 당신이 우리 집에 올 수 있으면 제게 바로 전화해 주세요.

______________________________。

(2) 너의 엄마는 젊어 보인다.

______________________________。

(3) 선생님이 곧 오시니 우리 수업하러 가자.

______________________________。

○ 다음 한자를 필순과 필획에 유의하여 써보자.

한자							
后	后	后					
hòu							
过	过	过					
guò							
请	请	请					
qǐng							
号	号	号					
hào							
乐	乐	乐					
lè							
厅	厅	厅					
tīng							
给	给	给					
gěi							
张	张	张					
zhāng							

能 néng	能	能					
电 diàn	电	电					
就 jiù	就	就					
爸 bà	爸	爸					
妈 mā	妈	妈					
哥 gē	哥	哥					
姐 jiě	姐	姐					
岁 suì	岁	岁					
儿 ér	儿	儿					

현대 중국의 인구정책

중국은 1950년대 이전까지는 다산(多产)을 장려하였으나, 인구가 빠르게 증가하자 1956년부터 인구 억제정책을 시행하였는데, 1979년부터는 '1가구 1자녀'를 법으로 정하여 강제로 시행하였다.

2002년에 이르러 인구계획생육법(人口计划生育法)을 시행하면서 강제에서 권장으로 완화하였지만, 이런 인구정책은 낙태와 호적 없는 아이[黑儿]의 증가, 인구 노령화 문제 등의 사회문제를 낳았다. 경제성장과 도시화에 따른 부동산 가격의 폭등, 시장경제화에 따른 경쟁의 증가로 인한 교육비용의 증가, 젊은 세대의 출산 기피 현상에 따른 미래 노동력의 감소, 조부모와 부모의 과보호 속에 자란 나약한 외둥이들에게 중국의 미래를 맡기기 어렵다는 회의론 등으로 기존의 산아제한정책은 심각한 도전에 직면하게 된 것이다.

그리하여 2018년 3월, 중국 정부는 마침내 국가위생계획생육위원회를 폐지하고, 1가구 2자녀를 허용하는 방향으로 정책을 전환하였다.

중국에서 '계획생육(计划生育)'이라는 인구 억제 정책을 펼치면서 산아제한을 홍보하기 위하여 건물의 담장에 써 놓은 구호이다. 적게 낳아야 삶의 질을 높여 행복한 삶을 누릴 수 있다는 뜻이다.

중국의 가족문화

중국은 유교문화의 영향으로 가족을 중시하는 문화가 있다. '가화만사성[家和万事兴]'이라는 말처럼 가족의 화목을 인간 생활의 기본적 요소로 중요하게 여기는 것이다.

오늘날 중국은 한국과 마찬가지로 갈수록 핵가족화 되는 추세여서 부모와 자식은 한 가정을 이루고 살지만 조부모는 따로 사는 형태가 늘어나고 있다. 이처럼 중국의 가족구성은 소가족으로 바뀌어 가고 있지만 가족의 화목을 중시하는 전통적 사고에는 변함이 없다.

춘윈(春运)

'춘윈(春运)'은 중국에서 최대 명절인 '춘제(春节)' 기간에 사람들이 고향을 찾아 대거 이동하는 것을 말한다. 이 동안에 기차역 등지에서 귀향을 준비하는 사람들의 모습은 잘 알려져 있는데, 그 광경은 그야말로 인산인해(人山人海)를 이룬다.

제 7 과

你棒球打得怎么样?

Nǐ bàngqiú dǎ de zěnmeyàng?

당신은 야구를 잘하나요?

1 표현 익히기 1 课文 1

建喜： 周末你一般做什么？
Zhōumò nǐ yìbān zuò shénme?

王鹏： 周末我常常睡懒觉， 十一点才起床。
Zhōumò wǒ chángcháng shuì lǎnjiào, shíyī diǎn cái qǐchuáng。

建喜： 起床后做什么？
Qǐchuáng hòu zuò shénme?

王鹏： 先吃饭， 然后上网、玩电脑游戏。
Xiān chīfàn, ránhòu shàngwǎng、wán diànnǎo yóuxì。

建喜： 你还有什么爱好？
Nǐ hái yǒu shénme àihào?

王鹏： 我还喜欢看电影或者听音乐，我喜欢一边
Wǒ hái xǐhuan kàn diànyǐng huòzhě tīng yīnyuè, wǒ xǐhuan yìbiān
学习一边听音乐。
xuéxí yìbiān tīng yīnyuè。

建喜： 我也喜欢看电影，有一部非常有意思的
Wǒ yě xǐhuan kàn diànyǐng, yǒu yí bù fēicháng yǒu yìsi de
电影，我请你看吧。
diànyǐng, wǒ qǐng nǐ kàn ba。

보충 설명
형용사 + 的 + 명사
└관형어┘

王鹏： 是韩国电影还是中国电影？
Shì Hánguó diànyǐng háishi Zhōngguó diànyǐng?

建喜： 是韩国电影。
Shì Hánguó diànyǐng。

王鹏： 太好了！ 我对韩国电影特别感兴趣。
Tài hǎo le! Wǒ duì Hánguó diànyǐng tèbié gǎn xìngqù。

2 새로 나온 낱말 1 生词 1

周末	zhōumò	명 주말
一般	yìbān	부 보통, 일반적으로
常常	chángcháng	부 종종
懒觉	lǎnjiào	명 늦잠
后	hòu	접 …한 다음에
上网	shàngwǎng	동 인터넷을 하다
玩(儿)	wán(r)	동 놀다, 즐기다
电脑游戏	diànnǎo yóuxì	명 컴퓨터 게임
还	hái	부 또, 더
爱好	àihào	명 취미 동 좋아하다
喜欢	xǐhuan	동 좋아하다 형 즐거워하다
或者	huòzhě	접 …이던가 아니면 …이다
还是	háishi	접 혹은
听	tīng	동 듣다
电影	diànyǐng	명 영화
音乐	yīnyuè	명 음악
部	bù	양 편
有意思	yǒuyìsi	형 재미있다
请	qǐng	동 초청하다, 부탁하다
特别	tèbié	부 특히
先…, 然后…	xiān … ránhòu	먼저 …하고나서
一边…一边	yìbiān … yìbiān	…하면서 …하다
对…感兴趣	duì … gǎnxìngqù	…에 관심이 있다

3 문형 익히기 1 句型 1

1 先运动，然后上网、玩游戏。

Xiān yùndòng，ránhòu shàngwǎng、wán yóuxì。

洗脸	吃饭	看电视
睡觉	做作业	玩儿

＊洗脸(xǐliǎn 세수하다)

2 一边学习一边听音乐。

Yìbiān xuéxí yìbiān tīng yīnyuè。

吃饭	看电视
唱歌	跳舞
运动	听广播

＊广播(guǎngbō 라디오 방송)

3 Wǒ qǐng nǐ kàn diànyǐng。

我请你看电影。

老师帮我 ＊帮(bāng 돕다)
你唱歌
你吃饭

4 韩国电影还是中国电影？

Hánguó diànyǐng háishi Zhōngguó diànyǐng?

中文书	英文书
美国电影	日本电影
你弟弟	你哥哥

5 对韩国电影特别感兴趣。

Duì Hánguó diànyǐng tèbié gǎn xìngqù。

学汉语
电脑游戏
中国文化

＊文化(wénhuà 문화)

4 표현 익히기 2 课文2

建喜： 昨天晚上你去哪儿了？
Zuótiān wǎnshang nǐ qù nǎr le?

王鹏： 我去锻炼身体了。我喜欢在校园跑步。
Wǒ qù duànliàn shēntǐ le。Wǒ xǐhuan zài xiàoyuán pǎobù。

建喜： 你好像非常喜欢运动。你还喜欢别的运动吗？
Nǐ hǎoxiàng fēicháng xǐhuan yùndòng。Nǐ hái xǐhuan biéde yùndòng ma?

王鹏： 我还喜欢打球，我乒乓球和篮球打得不错，
Wǒ hái xǐhuan dǎqiú, wǒ pīngpāngqiú hé lánqiú dǎ de búcuò,
你会打吗？
nǐ huì dǎ ma?

建喜： 我还没学过打球，你能教我吗？
Wǒ hái méi xué guo dǎqiú, nǐ néng jiāo wǒ ma?

王鹏： 当然没问题。听说韩国人喜欢打棒球，
Dāngrán méi wèntí。Tīngshuō hánguórén xǐhuan dǎ bàngqiú,
你棒球打得怎么样？
nǐ bàngqiú dǎ de zěnmeyàng?

建喜： 我打棒球打得不太好，不过足球踢得很好。
Wǒ dǎ bàngqiú dǎ de bú tài hǎo, búguò zúqiú tī de hěn hǎo。
我教你足球吧。
wǒ jiāo nǐ zúqiú ba。

王鹏： 那太好了！我要认真地学习。
Nà tài hǎo le! Wǒ yào rèn zhēn de xué xí。

5 새로 나온 낱말 2 生词2

昨天	zuótiān	명 어제
锻炼	duànliàn	동 [몸을] 단련하다
校园	xiàoyuán	명 캠퍼스
跑步	pǎobù	동 달리다 명 달리기
好像	hǎoxiàng	부 … 인 것 같다[추측, 비유]
运动	yùndòng	명 운동 동 운동하다
别的	biéde	대 다른, 다른 것
打	dǎ	동 … [종목을] 하다
得	de	조 [동사 뒤에 쓰여 정도를 나타냄]
球	qiú	명 공
乒乓球	pīngpāngqiú	명 탁구, 탁구공
篮球	lánqiú	명 농구, 농구공
棒球	bàngqiú	명 야구, 야구공
不错	búcuò	형 잘하다
不过	búguò	접 그런데, 그러나 ['但是'보다 어기가 약함]
踢	tī	동 (발로)차다
足球	zúqiú	명 축구, 축구공
过	guo	조 … 한 적이 있다[과거의 경험을 나타냄]
教	jiāo	동 가르치다
听说 …	tīngshuō	동 듣기에 …
认真	rènzhēn	형 성실하다, 진지하다

地	de	조 … 하게
当然	dāngrán	부 당연히
没问题	méi wèntí	괜찮다, 문제없다

6 문형 익히기 2 句型 2

1 了 le

锻炼了	duànliàn le
锻炼身体了	duànliàn shēntǐ le
去锻炼身体了	qù duànliàn shēntǐ le
我去锻炼身体了。	Wǒ qù duànliàn shēntǐ le。

吃饭
学校

2 好像 hǎoxiàng

好像喜欢	hǎoxiàng xǐhuan
好像非常喜欢	hǎoxiàng fēicháng xǐhuan
好像非常喜欢运动	hǎoxiàng fēicháng xǐhuan yùndòng
他好像非常喜欢运动。	Tā hǎoxiàng fēicháng xǐhuan yùndòng。

会说汉语
能来

3 听说 tīngshuō
听说喜欢 tīngshuō xǐhuan
听说喜欢打 tīngshuō xǐhuan dǎ
听说喜欢打乒乓球 tīngshuō xǐhuan dǎ pīngpāngqiú
听说中国人喜欢打乒乓球。 Tīngshuō Zhōngguórén xǐhuan dǎ pīngpāngqiú。

韩国人 棒球

4 打得 dǎ de
乒乓球打得 pīngpāngqiú dǎ de
乒乓球打得很好 pīngpāngqiú dǎ de hěn hǎo
我乒乓球打得很好。 Wǒ pīngpāngqiú dǎ de hěn hǎo。

汉语 说得 不太好
歌 唱得 很好

5 学过 xué guo
学过打球 xué guo dǎ qiú
没学过打球 méi xué guo dǎ qiú
还没学过打球 hái méi xué guo dǎ qiú

吃 中国菜(cài 요리)
坐 地铁(dìtiě 지하철)
读(dú 읽다) 中国小说(xiǎoshuō 소설)

7 문법 이해 语法

1 '还是'와 '或者'

还是'는 선택의문문에서 'A 还是 B?'의 형식으로 사용하여 'A인가 아니면 B인가?'라는 의미를 나타낸다. 의문조사 '吗'는 사용하지 않는다.

你喜欢看电视还是喜欢看电影？

'还是'는 부사로는 '여전히', '또한'의 의미를 갖는다.

我弟弟还是不喜欢学习。

'或者'는 평서문에서 몇 가지 중에 한 가지를 선택한다는 의미로 '… 하거나 또는 … 하다'의 뜻이다.

周末我或者学习，或者听音乐，或者看电影。

2 겸어문

목적어가 목적어구의 주어가 되는 문형이다.

'주어 + 동사1 + 동사1의 목적어(* 동사2의 주어) + 동사2 + 목적어2'의 구조를 갖는다.

他请我吃饭。
我想请你来我家。

3 동태조사 '了'와 '过'

동작의 완성이나 완료는 동사에 동태조사 '了'를 붙여서 표현한다. 부정은 동사 앞에 '没(有)'를 더하고, 조사 '了'는 붙이지 않는다.

서술형: 她结婚了。 * 结婚(jiéhūn 결혼하다)

부정형: 她没(有)结婚。

의문은 서술문의 뒤에 의문조사 '吗'를 붙인다. 정반의문문은 '동사 + 没 + 동사' 또는 '동사 + 了没(有)'의 형식이다.

她结婚没结婚？(她结没结婚？) / 她结婚了没有？

동태조사 '过'는 동사의 뒤에서 이미 발생한 과거의 경험을 나타낸다. 서술형은 「동사 + 过」, 부정문은 「没(有) + 동사 + 过」 형식을 사용한다.

서술형: 我学过汉语。

부정형: 我没(有)学过汉语。

4 정도보어

동사나 형용사의 뒤에서 어떤 동작이나 상태가 도달한 정도를 보충한다. 대개 구조조사 '得'를 넣어 뒤의 성분이 정도보어임을 나타낸다.

서술형: 他汉语说得非常好。

부정형: 他汉语说得不好。

의문형: 他汉语说得怎么样？

他汉语说得好吗？ = 他汉语说得好不好？

동사가 목적어를 갖는 경우에는 동사를 두 차례 사용한다.

他写汉字写得很好。

他说汉语说得不太好。

5 상황어(부사어)와 조사 '地'

서술어를 수식해 주는 성분을 상황어(부사어)라고 한다. 부사, 시간 명사, 개사, 형용사 등이 상황어로 올 수 있고 일반적으로 주어와 술어 사이에 위치하지만 주어 앞에 전치하는 경우도 있다.

他非常高兴。
我明天有考试。/ 明天我有考试。
我在家做作业。

상황어 뒤에 조사 '地'가 붙어서 '상황어+地'의 식으로 서술어를 수식하기도 한다. '地'를 생략할 수도 있으나 사용할 경우는 강조의 의미가 있다.

学生们认真地学习中文。
大家都努力地工作。

8 연습문제 练习

1 소리를 듣고 정답을 골라 보자.

	A	B	C	D
(1)	睡懒觉	跑步	运动	看电影
(2)	棒球	乒乓球	篮球	足球
(3)	韩国电影	中国电影	日本电影	美国电影
(4)	学习汉语	听音乐	玩游戏	打球

2 보기에서 알맞은 낱말을 찾아 빈칸에 넣어 표현을 완성해 보자.

보기: 一边　先　听说　后　还是　常常　好像　然后

(1) 起床__________，__________运动，__________上网。

(2) __________学习__________听音乐。

(3) 周末我__________跟妈妈一起看电影。

(4) 你喜欢听音乐__________喜欢唱歌？

(5) __________他弟弟汉语说得非常好。

(6) 你爸爸__________非常喜欢运动。

3 아래 주어진 내용으로 서로 대화를 나누어 보자.

(1) 周末你常常做什么？

(2) 你有什么爱好？

(3) 你喜欢什么运动？

(4) 你汉语说得怎么样？

4 다음 글을 읽고 물음에 대답해 보자.

王鹏喜欢看电影或者听音乐，他对韩国电影特别感兴趣。昨天他请我看电影了。

王鹏非常喜欢运动，他喜欢在校园跑步，他还喜欢打球，他乒乓球和篮球都打得不错。我棒球打得不好，不过踢足球踢得很好。他教我乒乓球和篮球，我教他足球。

(1) 王鹏对哪国电影特别感兴趣？

(2) 王鹏乒乓球打得怎么样？

(3) '我'教王鹏什么？

(4) 昨天王鹏做什么了？

5 다음을 중국어로 표현해 보세요.

(1) 너의 남동생은 중국어를 말할 줄 아는 것 같다.

____。

(2) 주말에 나는 일반적으로 집에서 잠을 자거나 컴퓨터 게임을 한다.

____。

(3) 나는 비록 농구는 잘하지 못하지만 야구는 잘한다.

____。

○ 다음 한자를 필순과 필획에 유의하여 써보자.

한자							
网 wǎng	网	网					
脑 nǎo	脑	脑					
戏 xì	戏	戏					
听 tīng	听	听					
对 duì	对	对					
兴 xìng	兴	兴					
趣 qù	趣	趣					
园 yuán	园	园					

运 yùn	运	运					
动 dòng	动	动					
球 qiú	球	球					
篮 lán	篮	篮					
问 wèn	问	问					
题 tí	题	题					
像 xiàng	像	像					
说 shuō	说	说					
跑 pǎo	跑	跑					

중국의 여가문화

태극권(太极拳, Tàijíquán)

중국 북파(北派)의 권법으로, 소림권(少林拳)과 함께 양대 권법을 이룬다. 중국의 공원 등지에서 아침마다 태극권을 연마하는 사람들을 흔히 볼 수 있는데, 중국에서 가장 많은 수련 인구를 보유한 권법이다.

최초의 태극권은 건강 증진을 위한 맨손운동으로 3세기 무렵에 나왔으며, 그 뒤에 소림사의 스님들이 동물의 동작을 본떠 발전시켰다. 명나라 초기에 이르러서는 음양의 원리를 도입시켜 전체적 조화를 이루었다. 도구를 사용할 수도 있고 맨손으로 할 수도 있다.

1949년부터 중국에서는 전통 태극권을 건강체조로 만들어 지금은 체조나 경연 등으로 변모하였는데, 개혁개방 이후에 전통적인 무술의 성격을 되찾게 되면서 지금은 전통무술로서의 태극권과 일반인의 여가 활동으로서의 태극권으로 나뉜다.

광장무(广场舞, Guǎngchǎngwǔ)

나이든 세대를 중심으로 건강 등을 목적으로 공원이나 광장 등 개방된 장소에서 음악에 맞추어 추는 율동으로, 광장건신무(广场健身舞)라고도 한다.

정확한 유래는 알 수 없지만 중국에서 오랜 역사를 지닌 군중무용인 앙가(秧歌, Yānggē)의 전통을 기반으로 하고 여기에 서구의 음악과 춤동작이 결합하여 나온 것으로 본다.

1949년 중화인민공화국의 건국 이후에 공산당이 대중문화의 전파와 건강증진의 일환으로 광장무를 권장하였고, 1990년대부터 지방정부가 문화광장을 조성하면서 장·노년층에서 광장무 열풍이 본격화되었다.

앙가무(秧歌舞)

역사가 천년이나 되는 민간무용으로 광장무의 원조라고 할 수 있다. 중국의 북방지역에서 주로 성행하였으며, 특히 농민들이 즐긴다.

앙가무는 10여 명에서 1백 명 정도로 구성되는데, 옛날이야기에 나오는 인물이나 현실 속의 인물로 분장하고, 북소리와 리듬에 맞추어 대형을 바꾸며 춤사위도 다양하다. 특히 설날 등 명절에는 마을에서 앙가대를 만들어 마을을 돌며 분위기를 돋우었다. 최근에는 농민의 여가생활을 풍요롭게 하고자 농한기를 이용하여 앙가경연대회를 개최하기도 한다.

마작놀이[麻将]

마작은 네 사람이 정해진 규칙에 따라 마작 패를 맞추어 승패를 겨루는 놀이이다. 북방에서는 136개의 마작 패를, 남방에서는 144개의 마작 패를 각각 사용한다.

마작의 어원은 명나라에서 청나라로 바뀌던 무렵에 마댜오[马吊]라는 놀이에서 유래하였다고 알려져 있다. 본래 마댜오는 무소의 뼈에 대나무로 속을 덧댄 골패를 사용하였는데, 골패를 섞을 때마다 대숲에서 지저귀는 참새 울음소리가 난다고 하여 '마작(麻雀, 참새)'으로 불리게 되었다.

마작 놀이는 유명한 홍콩 영화 〈도신(赌神)〉에서처럼 도박으로 여길 수도 있지만, 오늘날 중국의 거리에서 흔히 볼 수 있는 여가 놀이 가운데 하나이다.

오늘날 마작은 중국에서는 물론이고 해외의 화교를 중심으로 전 세계에 널리 퍼져 있다. 한국에는 구한말 갑오개혁을 전후한 무렵에 중국을 드나들던 사람들을 통하여 들어왔을 것으로 추정된다.

거리에서 마작을 즐기는 중국의 노인들

MEMO 摘记

제 8 과

那件衣服多少钱?

Nàjiàn yīfu duōshao qián?

저 옷은 얼마인가요?

1 표현 익히기 1 课文 1

(在服装店 Zài fúzhuāngdiàn)

王鹏：请问，上边的那件衣服多少钱？
Qǐngwèn, shàngbiān de nà jiàn yīfu duōshao qián?

服务员：五万五千块钱一件。
Wǔ wàn wǔ qiān kuài qián yí jiàn。

王鹏：价格有点儿贵，能便宜点儿吗？
Jiàgé yǒudiǎnr guì, néng piányi diǎnr ma?

服务员：不行，这种款式很流行，不能打折。
Bùxíng, zhè zhǒng kuǎnshì hěn liúxíng, bù néng dǎzhé。

王鹏：那下边的那条裙子怎么卖？
Nà xiàbiān de nà tiáo qúnzi zěnme mài?

服务员：四万块钱。
Sì wàn kuài qián。

王鹏：好像有点儿小，有大一点儿的吗？
Hǎoxiàng yǒudiǎnr xiǎo, yǒu dà yì diǎnr de ma?

服务员：商店外面有一条白色的，正在打折呢，您给三万五吧。
Shāngdiàn wàimiàn yǒu yì tiáo báisè de, zhèngzài dǎzhé ne, Nín gěi sān wàn wǔ ba。

> **보충 설명** 문장 전후가 분명할 경우, '的' 뒤의 중심어를 생략할 수 있으며, '的'는 수식어 뒤에 위치한다.

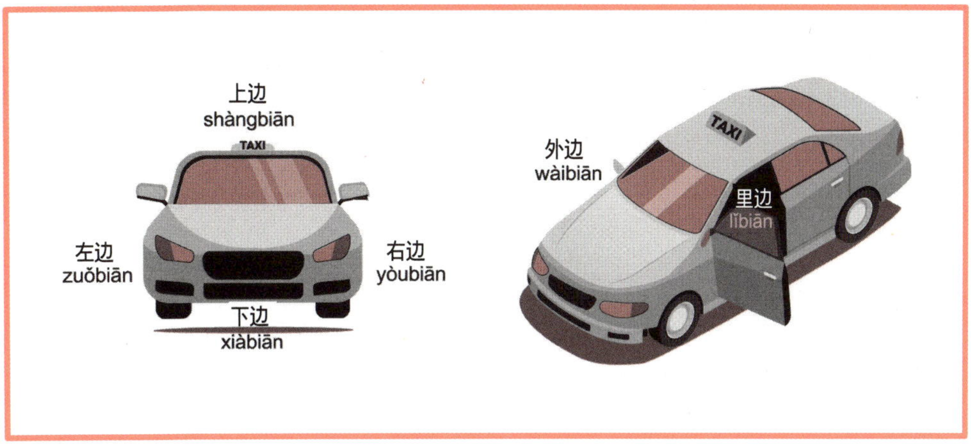

방위의 표현

王鹏 : 还有别的颜色的吗?
Háiyǒu biéde yánsè de ma?

服务员: 没有了。
Méi yǒu le。

王鹏 : 那我就买那条吧。
Nà wǒ jiù mǎi nà tiáo ba。

2 새로 나온 낱말 1 生词 1

件	jiàn	양 [옷을 세는 단위] 벌
衣服	yīfu	명 옷
服装店	fúzhuāngdiàn	명 의류상점
服务员	fúwùyuán	명 종업원
上边	shàngbiān	명 위쪽 ↔ 下边(xiàbiān)
钱	qián	명 돈
万	wàn	수 만
千	qiān	수 천
价格	jiàgé	명 가격
有点儿	yǒudiǎnr	부 조금, 약간
贵	guì	형 비싸다 ↔ 便宜(piányi)
一点儿	yìdiǎnr	부 조금, 약간
行	xíng	동 … 해도 좋다
种	zhǒng	명 종류
款式	kuǎnshì	명 스타일
流行	liúxíng	형 유행하다
打折	dǎzhé	동 할인하다
条	tiáo	양 [치마나 바지를 세는 단위] 개
裙子	qúnzi	명 치마
怎么	zěnme	대 어떻게
商店	shāngdiàn	명 상점
外面	wàimiàn	명 바깥쪽

白色	báisè	명 흰색
颜色	yánsè	명 색깔
请问	qǐngwèn	동 말씀 좀 여쭙겠습니다.
多少钱	duōshao qián	[가격이] 얼마입니까?

3 문형 익히기 1 句型 1

1 外面 — wàimiàn

商店外面 — shāngdiàn wàimiàn

商店外面有一条 — shāngdiàn wàimiàn yǒu yì tiáo

商店外面有一条白色的。 — Shāngdiàn wàimiàn yǒu yì tiáo báisè de。

桌子上面	四本书
床上面	三件衣服
椅子下面	一只猫
* 椅子(yǐzi 의자)	* 猫(māo 고양이)

2 上边的 — shàngbiān de

上边的那件衣服 — shàngbiān de nà jiàn yīfu

上边的那件衣服多少钱？ — Shàngbiān de nà jiàn yīfu duōshao qián?

下边(xiàbiān 아래쪽)
旁边(pángbiān 옆쪽)
中间(zhōngjiān 가운데)
后边(hòubiān 뒤쪽)
左边(zuǒbiān 왼쪽)
右边(yòubiān 오른쪽)

3

白色的	báisè de
白色的裙子	báisè de qúnzi
有一条白色的裙子	yǒu yì tiáo báisè de qúnzi
商店外面有一条白色的裙子。	Shāngdiàn wàimiàn yǒu yì tiáo báisè de qúnzi。

红色(hóngsè 빨간색)
蓝色(lánsè 파란색)
绿色(lǜsè 초록색)
黑色(hēisè 검은색)
粉红色(fěnhóngsè 분홍색)
黄色(huángsè 노란색)

4 표현 익히기 2 课文 2

(在饭店)

服务员: 欢迎光临！请坐，两位想吃点儿什么？
Huānyíng guānglín! Qǐng zuò, Liǎngwèi xiǎng chī diǎnr shénme?

建友 : 我要一个麻辣烫。
Wǒ yào yí ge Málàtàng。

建喜 : 我不能吃辣的，我点一个宫保鸡丁，再给我一个鸡蛋汤。主食有什么？
Wǒ bù néng chī làde, wǒ diǎn yí ge Gōngbǎojīdīng, zài gěi wǒ yí ge Jīdàntāng。Zhǔshí yǒu shénme?

服务员: 主食有米饭、炒饭、面条，还有水饺。
Zhǔshí yǒu mǐfàn、chǎofàn、miàntiáo, hái yǒu shuǐjiǎo。

建友 : 要一碗米饭和一盘水饺。
Yào yì wǎn mǐfàn hé yì pán shuǐjiǎo。

服务员: 饮料要什么？
Yǐnliào yào shénme?

建友 : 我要一瓶可乐。
Wǒ yào yì píng kělè。

建喜 : 我不喜欢喝汽水，我想喝果汁或者茶。
Wǒ bù xǐhuan hē qìshuǐ, wǒ xiǎng hē guǒzhī huòzhě chá。

菜单

麻辣烫	50.00
宫保鸡丁	35.00
米饭	5.00
炒饭	15.00
面条	10.00
水饺	20.00
可乐	8.00
橙汁	10.00
苹果汁	10.00
茉莉花茶	12.00

服务员: 果汁有橙汁、苹果汁，茶有茉莉花茶。
guǒzhī yǒu chéngzhī、píngguǒzhī， chá yǒu mòlìhuāchá。

建喜 : 给我一杯橙汁吧！
Gěi wǒ yì bēi chéngzhī ba!

服务员: 好的，请等一下。
Hǎode， qǐng děng yíxià。

建友 : 我来结账吧，一共多少钱？
Wǒ lái jiézhàng ba， yígòng duōshao qián?

服务员: 一共四万块钱。
Yígòng sì wàn kuài qián。

보충 설명 * 来 … 吧: 동사 앞에 쓰여 행위에 대한 적극적 의지를 나타냄

5 새로 나온 낱말 2 生词2

饭店	fàndiàn	명 식당 = 餐厅(cāntīng)
位	wèi	양 [사람의 수를 세는 단위] 명, 분
辣	là	형 맵다
点	diǎn	동 주문하다
主食	zhǔshí	명 주식
米饭	mǐfàn	명 쌀밥
炒饭	chǎofàn	명 볶음밥
面条	miàntiáo	명 국수
水饺	shuǐjiǎo	명 물만두
鸡蛋汤	jīdàntāng	명 계란탕
碗	wǎn	양 그릇
盘	pán	양 접시
瓶	píng	양 병
杯	bēi	양 잔
饮料	yǐnliào	명 음료
可乐	kělè	명 콜라
再	zài	부 별도로, 더, 그리고[보충됨을 나타냄]
喝	hē	동 마시다
汽水	qìshuǐ	명 탄산음료, 소다수
果汁	guǒzhī	명 과일주스
茶	chá	명 차
橙汁	chéngzhī	명 오렌지주스

苹果汁 píngguǒzhī 명 사과주스

茉莉花茶 mòlìhuāchá 명 재스민차 = 香片(xiāngpiàn)

等 děng 동 기다리다

结账 jiézhàng 동 계산하다 = 买单(mǎidān)

一共 yígòng 부 도합, 합계

欢迎光临 huānyíngguānglín 어서오세요!

请坐 qǐngzuò 앉으세요!

* * * * * * * *

麻辣烫 Málàtàng 고유 마랄탕[마라탕]

宫保鸡丁 Gōngbǎojīdīng 고유 궁보계정[궁바오지딩]

6 문형 익히기 2 句型 2

1 点一个 diǎn yí ge

点一个宫保鸡丁 diǎn yí ge Gōngbǎojīdīng

我点一个宫保鸡丁。 Wǒ diǎn yí ge Gōngbǎojīdīng。

碗	炒饭
瓶	啤酒(píjiǔ 맥주)
杯	茶

2 来 lái

来结账 lái jiézhàng

来结账吧 lái jiézhàng ba

我来结账吧。 Wǒ lái jiézhàng ba。

付钱 (付 fù 지불하다)
帮你 (帮 bāng 돕다)
说一下

3 辣的 làde

吃辣的 chī làde

不能吃辣的 bù néng chī làde

我不能吃辣的。 Wǒ bù néng chī làde。

酸 (suān 시다)
甜 (tián 달다)
苦 (kǔ 쓰다)
咸 (xián 자다)

7 문법 이해 语法

1 방위사

명사의 일종으로 방향과 위치를 나타낸다. 주요 방위사는 다음과 같다.

东	南	西	北	上	下	左	右
dōng	nán	xī	běi	shàng	xià	zuǒ	yòu
동	남	서	북	상	하	좌	우
前	**后**	**里**	**内**	**外**	**中(间)**	**旁**	**附近**
qián	hòu	lǐ	nèi	wài	zhōng (jiān)	páng	fùjìn
앞	뒤	안	안	밖	가운데	곁	부근

방위사는 흔히 뒤에 '边'이나 '面'을 붙여서 사용한다.

左边是我妈妈，右边是我爸爸。
他在外边。

방위사가 관형어로 쓰이는 경우에는, 방위사와 수식을 받는 명사 사이에 '的'를 넣는다. 그러나 방위사가 관형어의 수식을 받을 경우에는 방위사 앞에 '的'를 넣지 않는다.

学校前边的咖啡厅。 (○)
学校的前边的咖啡厅。 (×)

2 有 / 是 / 在

어떤 장소에 사람이나 사물이 있을 때 '有'를 사용한다. '장소 + 有 + 존재하는 것'의 형식이다.

教室里有很多学生。

사람이나 사물은 어떤 장소에 있을 때 '在'를 사용한다. '인물 / 사물 + 在 + 장소'의 형식이다.

邮局在学校东边。

'是'도 존재를 나타내는 의미로 사용한다. '장소 + 是 + 인물 / 사물'의 형식이다. 이때 '是'와 '有'의 차이점에 주의하여야 한다.

床上有我的手机。침대 위에 나의 휴대폰이 있다. (다른 것도 있을 수 있다.)
床上是我的手机。침대 위에 있는 것이 나의 휴대폰이다. (휴대폰만 있다.)

3 중국의 화폐 단위와 읽는 법

서면어	구 어	설 명
元 (yuán)	块 (kuài)	중국 법정화폐의 기본 단위
角 (jiǎo)	毛 (máo)	10분의 1위안(元)
分 (fēn)	分 (fēn)	10분의 1자오(角)

중국의 화폐는 人民币(Rénmínbì)라고 한다. 元(yuán)을 기본 단위로 하며 '¥'로 표시한다. 금액을 표현하는 기본 방법은 숫자 뒤에 화폐의 해당 단위와 돈을 의미하는 '钱(qián)'을 더하여 나타낸다.

¥3.00 → 3元 → 三块钱
¥27.50 → 27元 5角 → 二十七块五毛钱

금액의 마지막 단위는 흔히 화폐단위의 표현을 생략하기도 한다.

3元 → 三块(钱) / 27元 5角 → 二十七块五(毛钱)

4 有一点儿 / 一点儿

'有一点儿'은 형용사나 동사의 앞에서 대개 부정적 의미를 나타낸다. '一'는 생략하기도 한다. '有(一)点儿 + 술어[동사 / 형용사]'의 형식이다.

这件衣服有点儿小，我不喜欢。

'一点儿'은 형용사나 동사의 뒤에서 비교의 의미를 주로 나타낸다. '一'는 생략하기도 한다.

那件衣服太大了，这件衣服小点儿。

'一点儿'은 '동사 + 一点儿 + 명사'의 형식으로, 명사를 수식하는 관형어로 쓰이기도 한다.

我有点儿渴，给我一点儿水吧。

MEMO 摘记

8 연습문제 练习

1 소리를 듣고 정답을 골라 보자.

	A	B	C	D
(1)	上边	左边	右边	下边
(2)	红色	蓝色	白色	黑色
(3)	五千块钱	五万五千块	五万块钱	五百块钱
(4)	米饭	面条	水饺	炒饭

2 보기에서 알맞은 낱말을 찾아 빈칸에 넣어 표현을 완성해 보자.

보 기　一点儿　　有点儿

(1) 这件衣服＿＿＿＿＿＿＿＿贵，能便宜＿＿＿＿＿＿＿＿吗？

(2) 今天＿＿＿＿＿＿＿＿冷，我们明天去吧。

(3) 请给我＿＿＿＿＿＿＿＿水。

(4) 肚子＿＿＿＿＿＿＿＿饿了，我们去吃饭吧。　＊肚子(dùzi [사람의]배)

3 보기에서 알맞은 낱말을 찾아 빈칸에 넣어 표현을 완성해 보자.

보 기　有　　是　　在

(1) 我前边的那个人＿＿＿＿＿＿＿＿我同屋。

(2) 商店里＿＿＿＿＿＿＿＿苹果和橘子。　＊橘子(júzi 귤)

(3) 银行就＿＿＿＿＿＿＿＿邮局右边。　＊邮局(yóujú 우체국)

4 아래 주어진 내용으로 서로 대화를 나누어 보자.

¥ 100.00　　¥ 50.00　　¥ 1,500.00　　¥ 10.00

麻婆豆腐(mápódòufu 마파두부)
北京烤鸭(Běijīngkǎoyā 베이징덕, 오리구이)
锅包肉(guōbāoròu 궈바오러우)

(1) 你的衣服多少钱?

(2) 你喜欢吃什么菜?

(3) 学校邮局在银行哪边?

5 다음 글을 읽고 물음에 대답해 보자.

我买了一件白色的裙子，这条裙子正在打折，只卖三万五千块钱，很便宜。

买裙子后，我和建喜有点儿饿了，我们去了一家中国饭店，建喜点了一个麻辣烫，我不喜欢吃辣的，我点了一个宫保鸡丁。

这家饭店的中国菜味道很好，但是价格有点贵，我们一共花了四万块钱。

* 味道(wèidao 맛)
* 花(huā 시간이나 돈을 쓰다)

(1) 我买什么了?

(2) 建喜点什么菜了?

(3) 他们去哪儿吃饭了?

(4) 这家饭店的中国菜味道和价格怎么样?

○ 다음 한자를 필순과 필획에 유의하여 써보자.

买 mǎi	买	买				
礼 lǐ	礼	礼				
员 yuán	员	员				
边 biān	边	边				
万 wàn	万	万				
价 jià	价	价				
点 diǎn	点	点				
种 zhǒng	种	种				

条	tiáo	条	条
爱	ài	爱	爱
辣	là	辣	辣
鸡	jī	鸡	鸡
瓶	píng	瓶	瓶
饮	yǐn	饮	饮
喝	hē	喝	喝
汁	zhī	汁	汁
汤	tāng	汤	汤

중국의 전통의상

한푸(汉服, Hànfú)

마왕퇴묘에서 출토된 한나라의 비단 옷

예전에 중국에서는 한족의 고유 복식을 '한푸' 또는 '화푸(华服)'라고 하고, 외래의 복식을 후푸(胡服)라고 불렀다.

한푸는 '상의하상(上衣下裳)', 즉 위는 저고리이고 아래는 치마가 기본인데, 이것을 줄인 말이 '의상'이다. 한나라 때부터 상의와 하상이 이어진 '심의(深衣)'가 여성 예복으로 유행하였다. 또 한나라 이래로 명나라 말기까지 남녀가 입던 소매 넓은 겉옷인 파오(袍)가 있는데, 허리띠를 두르고 주름이 잡힌 헐렁한 옷자락을 발까지 늘어뜨렸다. 사대부나 백성들의 평상복은 짧은 상의에 긴바지였다.

당나라 여성의 복식

한푸는 시대에 따라 달라졌는데, 당나라의 여성 복식은 눈길을 끈다. 사극에서 노출이 심한 당나라 여성의 복식은 현대적으로 가공한 것이라는 비판이 있지만 벽화 등으로 보면 사실에 가깝다. 당나라는 개방적 문화의 시대로 실크로드를 거쳐 들어온 외래의 복식이 중국인의 심미관과 복식에 큰 변화를 주었던 것이다.

룽파오(龙袍)

한편 신분을 나타내기 위하여 일정한 디자인, 색상, 장식품을 사용하기도 하였다. 황제가 입는 예복은 룽파오(龙袍)라고 하는데, 황제의 상징색인 노란색에 용무늬가 박힌 것이 특징이다.

호복기사(胡服騎射) 이야기

전국시대에 조나라는 흉노와 국경을 맞대고 있었는데, 흉노는 기병이 강했지만 조나라는 기병이 없었다. 흉노의 기병은 가볍게 무장하여 빠르게 치고 빠지는 유격전에 뛰어났다. 무령왕은 복식 제도를 개혁하여 소매가 좁고 바지를 입는 호복을 도입하였고, 마침내 전국칠웅이 되었다.

치파오(旗袍, qípáo): 청나라를 세운 만인(满人)이 입던 옷에서 유래한 원피스 모양의 여성 전통 의상. 화려한 색상과 몸매가 드러나는 디자인에 옆트임이 특징이다.

마과얼(马褂儿, mǎguàr): 장포(长袍) 위에 입는 허리까지 오는 짧은 남성용 상의. 원래 만인(满人)이 말을 탈 때 입던 옷이다.

중산복(中山服, Zhōngshānfú): 쑨원(孙文)이 마과얼을 대신하여 양복을 개량하여 만든 남성용 상의. 나중에는 인민복(人民服)으로 불렸다. 오늘날 남성용 예복(礼服)으로 많이 착용한다.

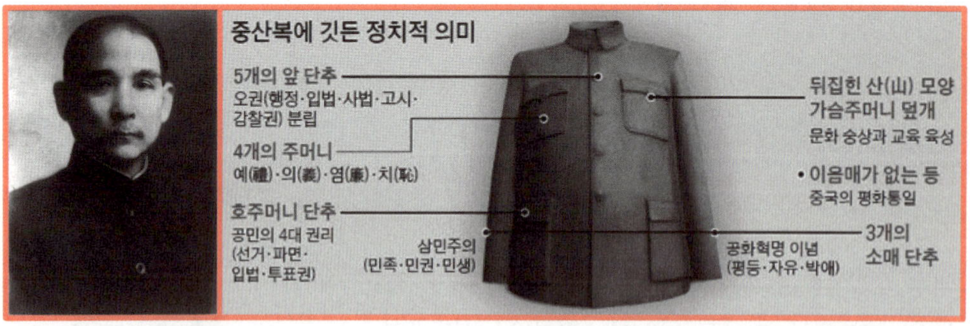

중국의 지역별 음식문화

중국의 음식은 크게 황하(黄河) 유역의 북방 요리와 장강(长江), 회하(淮河), 상강(湘江), 주강(珠江) 유역의 남방 요리로 나뉜다. 흔히 산둥, 화이양, 쓰촨, 광둥 요리를 4대 요리로 꼽으며, 베이징 요리와 후난 요리를 포함하여 6대 요리로 꼽는다.

양러우촬(羊肉串, 양꼬치구이)

산둥 요리(鲁菜, Lǔcài): 황하 중·하류의 요리로 북방 요리를 대표함. 육류와 해산물 등 다양한 재를 사용하며 약간 짜면서도 바삭한 느낌을 지닌다.

화이양 요리(淮扬菜, Huáiyángcài): 화이인(淮阴)과 양저우(扬州) 등 장강 하류 지역의 음식. 해산물 요리가 뛰어나며 깔끔하고 담백한 맛이 일품이다.

쓰촨 요리(川菜, Chuāncài): 쓰촨(四川) 분지를 중심으로 한 장강 상류 일대의 음식. 각종 소박한 재료에 다양한 향신료 사용하여 매운 맛이 특징이며, 특히 대중적 메뉴가 돋보인다.

광둥 요리(粤菜, Yuècài): 주강(珠江) 유역을 중심으로 한 음식. 진귀하고 신선한 재료를 중요하게 사용하여 자연의 맛을 살리는 담백함을 특징으로 하며 동서양의 요리가 조화를 이룬 다양한 메뉴가 돋보인다.

베이징 요리(京菜, Jīngcài): 청나라 이래로 각지 음식이 모여 이루어졌다. 춥고 건조한 기후 때문에 볶고 튀기는 기름진 음식이 많으며 밀가루를 사용한 다양한 주식이 발달하였다.

후난 요리(湘菜, Xiāngcài): 샹강(湘江) 유역의 창사(长沙), 헝양(衡阳), 샹탄(湘潭) 등지의 요리. 모양이 산뜻하고 색채가 돋보이며 시큼하고 매운 맛이 특징이다.

훠궈(火锅. 중국식 샤브샤브)

용호제회탕(龙虎际会汤)

제 9 과

你有什么打算?

Nǐ yǒu shénme dǎsuàn?

당신은 어떤 계획이 있나요?

1 표현 익히기 1 课文 1

建喜：这个周末你有什么打算？
Zhège zhōumò nǐ yǒu shénme dǎsuàn?

王鹏：我最近学习太忙了，没时间旅游，我想去旅游。
Wǒ zuìjìn xuéxí tài máng le, méi shíjiān lǚyóu, wǒ xiǎng qù lǚyóu。

建喜：你在韩国去过哪些地方？
Nǐ zài Hánguó qù guo nǎ xiē dìfang?

王鹏：我只去过庆州，首尔我还没好好儿逛过。
Wǒ zhǐ qùguo Qìngzhōu, Shǒu'ěr wǒ hái méi hǎohāor guàngguo。

建喜：那你打算去什么地方？
Nà nǐ dǎsuàn qù shénme dìfang?

王鹏：我想体验一下韩国的传统文化，你能推荐推荐吗？
Wǒ xiǎng tǐyàn yíxià Hánguó de chuántǒng wénhuà, nǐ néng tuījian tuījian ma?

建喜：你可以去景福宫和光化门一带，附近还有北村，是
Nǐ kěyǐ qù Jǐngfúgōng hé Guānghuàmén yídài, fùjìn háiyǒu Běicūn, shì
了解韩国文化的好去处。
liǎojiě Hánguó wénhuà de hǎo qùchù。

王鹏：那购物去哪里好呢？
Nà gòuwù qù nǎli hǎo ne?

建喜：可以去明洞或者南大门市场。年轻人比较喜欢
Kěyǐ qù Míngdòng huòzhě Nándàmén Shìchǎng。Niánqīngrén bǐjiào xǐhuan
明洞，如果想买食品，最好去南大门市场。
Míngdòng, rúguǒ xiǎng mǎi shípǐn, zuì hǎo qù Nándàmén shìchǎng。

王鹏：我韩语说得不太好，你能陪我去吗？
Wǒ Hányǔ shuōde bú tài hǎo, nǐ néng péi wǒ qù ma?

建喜：当然没问题，坐地铁比较方便，如果你不熟悉路，
Dāngrán méi wèntí, zuò dìtiě bǐjiào fāngbiàn, rúguǒ nǐ bù shúxī lù,
也可以坐出租车。
yě kěyǐ zuò chūzūchē。

王鹏：我坐地铁去，我们明天在景福宫站见吧。
Wǒ zuò dìtiě qù, wǒmen míngtiān zài Jǐngfúgōngzhàn jiàn ba。

2 새로 나온 낱말 1 生词 1

打算	dǎsuàn	명 계획 = 计划(jìhuà)
旅游	lǚyóu	동 여행하다
地方	dìfang	명 곳, 장소
好好儿	hǎohāor	부 아주, 잘
逛	guàng	동 구경하다
体验	tǐyàn	동 체험하다
传统	chuántǒng	명 전통
文化	wénhuà	명 문화
推荐	tuījiàn	동 추천하다
可以	kěyǐ	조동 … 해도 좋다, … 할 수 있다
一带	yídài	명 일대
了解	liǎojiě	동 이해하다
去处	qùchù	명 행선지
购物	gòuwù	명 쇼핑
市场	shìchǎng	명 시장
年轻人	niánqīngrén	명 젊은이
食品	shípǐn	명 식품
最好	zuìhǎo	부 … 하는 것이 가장 좋다 형 가장 좋다
陪	péi	동 동반하다, 모시다
地铁	dìtiě	명 지하철
比较	bǐjiào	부 비교적
方便	fāngbiàn	형 편리하다

熟悉	shúxī	동 익숙하게 알다
路	lù	명 길
坐	zuò	동 (교통수단을) 타다
出租车	chūzūchē	명 택시
站	zhàn	명 역, 터미널

* * * * * * * *

庆州	Qìngzhōu	고유 경주
首尔	Shǒuěr	고유 서울
景福宫	Jǐngfúgōng	고유 경복궁
光化门	Guānghuàmén	고유 광화문
北村	Běicūn	고유 북촌
明洞	Míngdòng	고유 명동
南大门	Nándàmén	고유 남대문

3 문형 익히기 1 句型 1

1

去过	qùguo
去过哪些地方	qùguo nǎxiē dìfang
你去过哪些地方？	Nǐ qùguo nǎxiē dìfang?

庆州	东大门市场
明洞	仁寺洞

* 仁寺洞(Rénsì Dòng 인사동)

2

去处	qùchù
好去处	hǎo qùchù
是好去处	shì hǎo qùchù
是了解韩国的好去处。	Shì liǎojiě Hánguó de hǎo qùchù。

学习汉语	买食品
购物	旅游

3

比较	bǐjiào
比较方便	bǐjiào fāngbiàn
坐地铁比较方便。	Zuò dìtiě bǐjiào fāngbiàn。

公共汽车(gōnggòngqìchē 버스)
火车(huǒchē 기차)
飞机(fēijī 비행기)　船(chuán 배)

4 표현 익히기 2 课文2

王鹏：马上要放寒假了，假期你打算做什么？
Mǎshàng yào fàng hánjià le, jiàqī nǐ dǎsuàn zuò shénme?

建友：我打算去中国旅游。
Wǒ dǎsuàn qù Zhōngguó lǚyóu。

王鹏：真的吗？你以前去过中国吗？
Zhēnde ma? Nǐ yǐqián qùguo Zhōngguó ma?

建友：去过。中国离韩国很近，我去过两次。
Qùguo。 Zhōngguó lí Hánguó hěn jìn, wǒ qùguo liǎng cì。
一次是坐船去的，一次是坐飞机去的。
Yícì shì zuò chuán qù de, yícì shì zuò fēijī qù de。

王鹏：最后一次是什么时候去的？
Zuìhòu yícì shì shénme shíhou qù de?

建友：去年暑假去的。
Qùnián shǔjià qù de。

王鹏：你都去过什么地方？
Nǐ dōu qùguo shénme dìfang?

建友：我去过北京，参观过故宫、天安门和长城。
Wǒ qùguo Běijīng, cānguānguo Gùgōng、Tiān'ānmén hé Chángchéng。

王鹏：中国有一句话："不到长城非好汉！"。
Zhōngguó yǒu yí jù huà: "Bú dào Chángchéng fēi hǎohàn!"。
你就是"好汉"了。
Nǐ jiùshì "hǎohàn" le。

建友：哈哈！我还去过上海，我是坐船去的。
Hāha! Wǒ hái qùguo Shànghǎi, wǒ shì zuò chuán qù de。
去过黄埔滩，看过东方明珠，还去过南京路，
Qùguo Huángpǔtān, kànguo Dōngfāngmíngzhū, hái qùguo Nánjīnglù,
了解了一些上海的历史文化。
liǎojiě le yìxiē Shànghǎi de lìshǐ wénhuà。

5 새로 나온 낱말 2 生词2

马上	mǎshàng	부 즉시, 곧
假	jià	명 휴가, 휴일
放假	fàngjià	동 방학하다
寒假	hánjià	명 겨울방학 ↔ 暑假(shǔjià)
假期	jiàqī	명 휴가나 방학 기간
以前	yǐqián	명 이전 ↔ 以后(yǐhòu)
离	lí	개 … 에서부터
近	jìn	형 가깝다 ↔ 远(yuǎn)
次	cì	양 [동작의 횟수를 나타내는] … 번
船	chuán	명 배
飞机	fēijī	명 비행기
比	bǐ	개 보다
最后	zuìhòu	부 마지막으로
去年	qùnián	명 작년 ↔ 明年(míngnián)
参观	cānguān	동 관람하다
历史	lìshǐ	명 역사

一句话 yíjùhuà 한마디 말

不到长城非好汉! búdào Cháng Chéng fēi hǎohàn!

[속] 만리장성에 이르지 못하면 대장부가 아니다.

＊＊＊＊＊＊＊＊

北京 Běijīng 고유 베이징, 북경

故宫 Gùgōng 고유 고궁, 자금성(紫禁城)

天安门 Tiān'ānmén 고유 천안문

长城 Chángchéng 고유 만리장성

上海 Shànghǎi 고유 상하이

黄浦滩 Huángpǔtān 고유 황포탄

东方明珠 Dōngfāngmíngzhū 고유 동방명주

南京路 Nánjīnglù 고유 남경로

6 문형 익히기 2 句型 2

1

几次	jǐ cì
去过几次	qùguo jǐ cì
去过几次中国	qùguo jǐ cì Zhōngguó
你去过几次中国？	Nǐ qùguo jǐ cì Zhōngguó?

两次
三次
很多次

2

什么时候	shénme shíhou
什么时候去的	shénme shíhou qù de
是什么时候去的	shì shénme shíhou qù de
你是什么时候去的？	Nǐ shì shénme shíhou qù de?

跟谁
怎么
坐什么

7 문법 이해 语法

1 조동사 可以

'… 하여도 된다'의 뜻으로, 대개 허가를 뜻한다. 부정형은 '不可以'로 '… 하여서는 아니 된다.' '… 할 수 없다'는 뜻이다.

我可以看电视吗？ → 不可以看。
我可以爱你吗？ → 不可以爱。

2 동량보어(动量补语)

동작이나 행위가 진행된 횟수를 나타낸다.

我想去两次中国。
我去过很多次中国。
这本书我看过两遍。

부정할 때는 '不' 또는 '没(有)'를 사용한다.

这本书我不想看两遍。
我只去过一次中国，没去过两次。

3 '是 … 的'구

어떤 동작이 이미 실현되었거나 완성되었다는 것을 강조하거나 또는 동작이 일어난 시간, 장소, 방식 등을 강조하는 의미를 지닌다. 의미의 중점이 '是 …

的'의 사이에 있기 때문에 '…' 부분에 강세를 주어 소리낸다. 이때 '是'는 생략할 수도 있다.

第一次(是)坐船去的。
我(是)去年暑假的时候去的。
我(是)从韩国来的。

부정은 '不是 … 的'의 형식이며, 이때는 '是'를 생략할 수 없다.

第一次不是坐船去的。

4 개사 '离'와 '比'

'离'는 '… 로부터'의 뜻으로, 시간, 공간, 사물 사이의 거리를 나타낸다.

中国离韩国很近。

'比'는 양자를 비교하거나 그 성질과 정황의 정도 차이를 표현한다.

中国比韩国大。

MEMO 摘记

8 연습문제 练习

1 소리를 듣고 순서대로 번호를 써보자.

	A	B	C	D
(1)	去北京	去上海	去首尔	去庆州
(2)	地铁	出租车	飞机	船
(3)	两次	三次	四次	一次
(4)	去年暑假	去年寒假	明年	今年

2 보기에서 알맞은 낱말을 찾아 빈칸에 넣어 표현을 완성해 보자.

보 기 就要 过 以前 离 可以

(1) 你＿＿＿＿＿＿ 去过中国吗?

(2) 中国＿＿＿＿＿＿ 韩国很近。

(3) 我去 ＿＿＿＿＿＿ 两次中国。

(4) 我们 ＿＿＿＿＿＿ 坐地铁去。

(5) 马上 ＿＿＿＿＿＿ 放假了。

3 아래 주어진 내용으로 서로 대화를 나누어 보자.

(1) 放假你打算做什么? [旅游 / 打工 / 回家乡 / 去中国]

(2) 你去过中国吗? 去过什么地方?

(3) 你觉得韩国哪里是旅游的好去处?

4 다음 글을 읽고 물음에 대답해 보자.

王鹏还没好好儿逛过首尔，我推荐他去景福宫、光化门附近，那里可以体验韩国的传统文化。我还推荐他去南大门市场和明洞，这两个地方是购物的好去处。

今年寒假我还打算去中国旅游，我已经去过两次了，一次是坐船去的，一次是坐飞机去的。坐船比坐飞机便宜，但是坐飞机比较贵。

我去过北京和上海，这次我想去西安，去看一下有名的兵马俑。

西安(Xī'ān 시안)
有名的(yǒumíngde 유명한)
兵马俑(Bīngmǎyǒng 병마용)

(1) 王鹏好好儿逛过首尔吗？

(2) ‘我’推荐王鹏去哪儿旅游？

(3) ‘我’第一次是坐什么去中国的？

(4) ‘我’这次想去中国的哪个地方？

○ 다음 한자를 필순과 필획에 유의하여 써보자.

场	chǎng
庆	qìng
尔	ěr
传	chuán
荐	jiàn
当	dāng
离	lí
飞	fēi

处 chù	处	处					
轻 qīng	轻	轻					
铁 tiě	铁	铁					
熟 shú	熟	熟					
站 zhàn	站	站					
假 jià	假	假					
机 jī	机	机					
观 guān	观	观					
历 lì	历	历					

중국의 6대 고도와 명승고적

西 安	시 안	주(周) 이래 당(唐)까지 1,100년간의 고도
洛 阳	뤄 양	동주, 후한, 위(魏), 당(唐)의 수도
南 京	난 징	남조(南朝), 명(明) 초기, 중화민국의 수도
开 封	카이펑	북송(北宋) 시대의 수도
杭 州	항저우	남송(南宋) 시대의 수도
北 京	베이징	원(元), 명(明), 청(清), 중화인민공화국의 수도

시안 병마용갱(兵马俑坑)

낙양 용문석굴(龙门石窟)

난징 중산릉(中山陵)

카이펑 철탑(铁塔)

항저우 서호(西湖)

베이징 고궁(故宫)

중국의 오악

오악(五岳)은 중국의 동서남북과 중앙에 있는 다섯 명산이다.

즉 산둥성(山东省)의 동악(东岳) 태산(泰山, 1545m), 산시성(陕西省)의 서악(西岳) 화산(华山, 1997m), 후난성(湖南省)의 남악(南岳) 형산(衡山, 1290m), 산시성(山西省)의 북악(北岳) 항산(恒山, 2017m)과 허난성(河南省)의 중악(中岳) 숭산(嵩山, 1494m)이 그것이다.

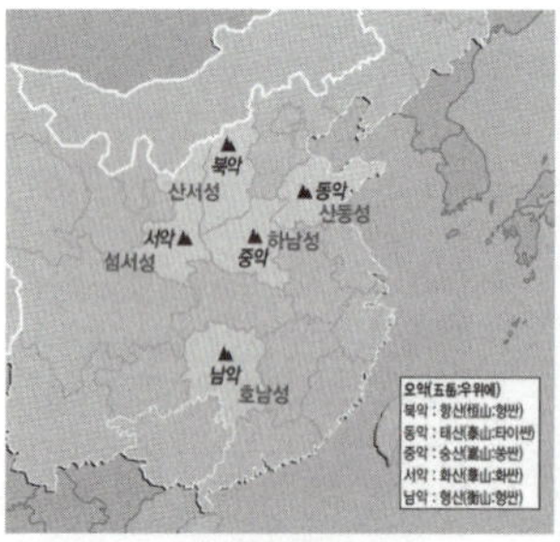

남악 형산(衡山)

동악 태산(泰山)

서악 화산(华山)

북악 항산(恒山)

중악 숭산(嵩山)

중국 도시의 별칭과 유래

중국의 많은 도시는 널리 알려진 별명을 가지고 있다. 이는 그 도시의 형성과정이나 자연환경의 특징, 주요 산업 등을 근거로 하여 붙여진 것으로, 본래의 도시 이름을 대신하여 흔히 사용되기도 한다.

'양청(羊城)'의 유래

광둥성(广东省)의 수도인 광저우(广州)는 흔히 양청(羊城)이라는 별칭으로 불린다. '양청'이라는 이름은 광저우의 도시 형성에 관련된 옛 전설에서 비롯한 것이다.

먼 옛날 광저우 사람들은 주강(珠江)에서 고기잡이를 하며 살아갔는데, 하루는 다섯 색깔의 옷을 입은 다섯 신선이 다섯 마리 양을 타고 하늘에서 내려오더니 사람들에게 벼이삭을 나누어 주고 벼를 심는 법을 일러 주었다. 다섯 신선은 이내 하늘로 날아올라갔고, 그 자리에 남은 다섯 마리 양은 돌로 변하였다. 이 이야기는 광저우 지역의 오랜 농경문화를 배경으로 만들어진 것이다. 다섯 마리 양이 내려왔기에 광저우는 달리 오양성(五羊城)이라고도 하고, 또 신선들이 벼이삭을 선물하였기 때문에 수성(穗城)이라고도 불린다. 광저우 북쪽 월수산(越秀山)에 있는 오양석상(五羊石像)은 광저우를 상징하는 조형물이다.

중국 주요 도시의 별칭을 몇 가지 살펴보면 다음과 같다.

- 重庆 (Chóngqìng) → 山城 (Shānchéng)
- 哈尔滨 (Hā'ěrbīn) → 冰城 (Bīngchéng)
- 武汉 (Wǔhàn) → 江城 (Jiāngchéng)
- 成都 (Chéngdū) → 蓉城 (Róngchéng)
- 昆明 (Kūnmíng) → 春城 (Chūnchéng)
- 洛阳 (Luòyáng) → 牡丹城 (Mǔdānchéng)

MEMO 摘记

제 10 과

天气越来越冷了。

Tiānqì yuè lái yuè lěng le。

날씨가 점점 추워져요.

1 표현 익히기 1 课文 1

建喜：冬天到了，天气越来越冷了。
Dōngtiān dào le, tiānqì yuè lái yuè lěng le。

王鹏：要冷死我了，天气预报说明天会下雪。
Yào lěng sǐ wǒ le, tiānqì yùbào shuō míngtiān huì xiàxuě。

建喜：你喜欢雪吗？
Nǐ xǐhuan xuě ma?

王鹏：喜欢是喜欢，就是太冷了，我怕冷。
Xǐhuan shì xǐhuan, jiùshi tài lěng le, wǒ pà lěng。

建喜：你家乡也下雪吗？
Nǐ jiāxiāng yě xiàxuě ma?

王鹏：我家在昆明，是南方的城市，四季如春，一般不下雪。
Wǒ jiā zài Kūnmíng, shì nánfāng de chéngshì, sìjì rú chūn, yìbān bú xiàxuě。

建喜：你喜欢韩国的哪个季节？
Nǐ xǐhuan Hángguó de nǎ ge jìjié?

王鹏：我最喜欢韩国的秋天，秋天的枫叶美极了。
Wǒ zuì xǐhuan Hángguó de qiūtiān, qiūtiān de fēngyè měijí le。

建喜：那夏天呢？
Nà xiàtiān ne?

王鹏：夏天我也喜欢，韩国三面环海，天热的时候，
Xiàtiān wǒ yě xǐhuan, Hánguó sānmiàn huánhǎi, tiān rè de shíhou,
去海边玩儿很有意思。
qù hǎibiān wánr hěn yǒu yìsi。

2 새로 나온 낱말 1 生词 1

冬天	dōngtiān	명 겨울
到	dào	동 [시간 따위가] 되다, 도래하다
天	tiān	명 날, 일
天气	tiānqì	명 날씨
冷	lěng	형 춥다 ↔ 热(rè) 덥다
死	sǐ	동 죽다
天气豫报	tiānqì yùbào	명 일기예보
会	huì	조동 … 할 것이다[추측]
雪	xuě	명 눈
下雪	xiàxuě	동 눈이 내리다
怕	pà	동 두려워하다, 근심하다
家乡	jiāxiāng	명 고향
南方	nánfāng	명 남쪽지방
城市	chéngshì	명 도시
季	jì	명 계절 = 季节(jìjié)
如	rú	동 … 와 같다
春	chūn	명 봄 = 春天(chūntiān)
最	zuì	부 가장
秋天	qiūtiān	명 가을
枫叶	fēngyè	명 단풍잎
美	měi	형 아름답다 = 美丽(měilì)
极了	jíle	부 매우

夏天	xiàtiān	명 여름
三面	sānmiàn	명 삼면
环	huán	동 …을 둘러싸다
海	hǎi	명 바다
海边	hǎibiān	명 해변
越来越 …	yuèlái yuè …	갈수록 … 하다
要 … 了	yào … le	곧 … 하려고 하다
… 的时候	… de shíhou	… 할 때
就是 …	jiùshì	단지 … 할 뿐이다.

* * * * * * * * *

昆明	Kūnmíng	고유 쿤밍, 윈난성(云南省)의 수도

3 문형 익히기 1 句型 1

1 越来越 yuèlái yuè

越来越冷了 yuèlái yuè lěng le

天气越来越冷了。 Tiānqì yuèlái yuè lěng le。

女朋友	漂亮
天气	热
汉语说得	好

2 死了 sǐ le

冷死了 lěng sǐ le

要冷死了 yào lěng sǐ le

要冷死我了。 Yào lěng sǐ wǒ le。

热

累

气

* 气(qì 화나다)

3 喜欢是喜欢，就是太冷了。 Xǐhuan shì xǐhuan, jiùshi tài lěng le。

漂亮	小
喜欢	难
高兴	累

4 표현 익히기 2 课文 2

建喜：喂，你好！ 是王鹏的手机吗？
Wéi, nǐ hǎo! Shì Wáng Péng de shǒujī ma?

王鹏：我就是王鹏， 您是哪位？
Wǒ jiùshi Wáng Péng, nín shì nǎ wèi?

建喜：我是建喜，今天我不能去学校上课了，你帮我请假吧。
Wǒ shì Jiànxǐ, jīntiān wǒ bù néng qù xuéxiào shàngkè le, nǐ bāng wǒ qǐngjià ba。

王鹏：你怎么了？
Nǐ zěnme le?

建喜：我生病了， 最近天气太冷了，又下雪又刮风，我衣服穿得太少了。
Wǒ shēngbìng le, zuìjìn tiānqì tài lěng le, yòu xiàxuě yòu guāfēng, wǒ yīfu chuān de tài shǎo le。

王鹏：你哪里不舒服？
Nǐ nǎli bù shūfu?

建喜：我感冒了，发烧、头疼，不能起床。
Wǒ gǎnmào le, fāshāo、tóuténg, bù néng qǐchuáng。

王鹏：听起来挺严重的。你去医院看医生了吗？
Tīngqǐlái tǐng yánzhòng de。Nǐ qù yīyuàn kàn yīshēng le ma?

建喜：我今天早上觉得不舒服，去医院了。
Wǒ jīntiān zǎoshang juéde bù shūfu, qù yīyuàn le。

王鹏：大夫给你药了吗？
Dàifu gěi nǐ yào le ma?

建喜：给了，医生说我应该好好儿休息。
Gěi le, yīshēng shuō wǒ yīnggāi hǎohāor xiūxi。

王鹏：那你一定要听医生的话，好好儿休息。不用担心。
Nà nǐ yídìng yào tīng yīshēng de huà, hǎohāor xiūxi。 Búyòng dānxīn。

5 새로 나온 낱말 2 生词2

帮	bāng	동 돕다
请假	qǐngjià	동 휴가 따위를 내다
生病	shēngbìng	동 병이 나다
刮风	guāfēng	동 바람이 불다
穿	chuān	동 입다
不舒服	bù shūfu	형 [몸이] 아프다, 불편하다
发烧	fāshāo	동 열이 나다
感冒	gǎnmào	동 감기에 걸리다
头	tóu	명 머리
疼	téng	형 아프다
听起来	tīngqǐlái	동 … 하게 들리다, 듣자니 … 인 것 같다
严重	yánzhòng	형 심각하다
医院	yīyuàn	명 병원
医生	yīshēng	명 의사 = 大夫(dàifu)
药	yào	명 약
应该	yīnggāi	동 마땅히 … 하여야 한다
休息	xiūxi	동 휴식하다
听话	tīnghuà	동 말을 듣다
不用	búyòng	조동 … 할 필요가 없다
担心	dānxīn	동 걱정하다, 염려하다

6 문형 익히기 2 句型2

1 你帮我请假吧。 Nǐ bāng wǒ qǐngjià ba。

做作业	买东西
借书	还书

＊东西(dōngxi 물건)

2 你一定要听医生的话。 Nǐ yídìng yào tīng yīshēng de huà。

孩子	妈妈
学生	老师
公司职员	老板
病人	大夫

＊公司职员(gōngsī zhíyuán 회사원)
老板(lǎobǎn 사장)
病人(bìngrén 환자)

3 又下雪又刮风。 Yòu xiàxuě yòu guāfēng。

大	干净
高	漂亮
唱歌	跳舞
冷	饿

7 문법 이해 语法

1 조동사 '会'

'会'는 '… 할 것이다'라는 추측의 의미를 나타내기도 한다. 표현의 끝에 '的'와 함께 사용되기도 한다.

明天会下雨。
他会喜欢我吗？
他明天不会来的。

2 … 是 …, 就是 …

'… 하기는 하는데, … 하다'는 뜻을 나타낸다.

喜欢是喜欢，就是太冷了。
好看是好看，就是太贵了。

3 형용사 + 极了 / 형용사 + 死了

정도보어로 형용사 뒤에 위치해 '몹시 … 하다'는 뜻을 나타낸다. 대개 '极了'는 긍정적 의미의 형용사와 함께 사용되고, '死了'는 부정적 의미의 형용사와 함께 사용된다.

美极了。 / 好极了。
冷死了。 / 饿死了。

4 又 … 又 …

'… 하고 또 … 하다'는 의미를 나타낸다.

又下雪又刮风。

我又学汉语又学英语。

5 조동사 应该

'마땅히 … 해야만 한다'는 뜻이다. 부정 형식은 '不应该 …'이며, '… 해서는 안 된다'는 뜻이다.

你应该好好儿休息。

你不应该每天都玩儿游戏。

조동사 '要'도 '… 해야 한다'는 의미를 갖는데, 이를 부정할 때는 '不应该'를 쓴다.

你要听医生的话。	→	你不应该听医生的话。
你要好好儿学习。	→	你不应该好好儿学习。

8 연습문제 练习

1 소리를 듣고 정답을 골라 보자.

	A	B	C	D
(1)	春天	夏天	秋天	冬天
(2)	零下十度	零上十度	零下二十度	零上二十度
(3)	看枫叶	到海边玩儿	看雪	看医生
(4)	头不疼	肚子疼	怕冷	感冒了

2 소리를 듣고 빈칸을 채워 보자.

(1) 天气______________冷了。

(2) 天气预报说明天______________。

(3) 秋天的__________美__________。

(4) 你________我__________。

(5) 我早上觉得__________，去________看__________了。

(6) 医生说我______________休息。

3 보기에서 알맞은 낱말을 찾아 빈칸에 넣어 완성해 보자.

보기	极了	真	挺	死了

(1) 秋天的枫叶美__________。

(2) 冬天到了，要冷__________我了。

(3) 这件衣服__________贵的，我不想买。

(4) 这家饭店__________便宜啊！

제2편 본문편 제10과

4 아래 주어진 내용으로 서로 대화를 나누어 보자.

(1) 你最喜欢哪个季节?

[春天, 夏天, 秋天, 冬天]

(2) 今天天气怎么样?

[热 / 冷, 下雪 / 下雨(xiàyǔ 비가 내리다)
晴天(qíngtiān 맑은 날씨) / 阴天(yīntiān 흐린 날씨)]

(3) 你感冒的时候怎么样?

[发烧, 头疼, 咳嗽(késòu 기침하다), 流鼻涕(liúbítì 콧물이 나다)]

5 다음 글을 읽고 물음에 대답해 보자.

冬天到了, 天气越来越冷了, 王鹏觉得韩国的冬天要冷死了。 王鹏的家乡昆明是南方的城市, 四季如春。

他喜欢韩国的秋天和夏天, 他喜欢看秋天的枫叶, 喜欢夏天去海边玩儿。

王鹏生病了, 发烧、头疼, 医生说他应该好好儿休息。 他不能来上课, 我帮他请假。

(1) 王鹏的家乡冷不冷?

(2) 王鹏夏天喜欢去哪儿玩儿?

(3) 王鹏怎么了?

(4) '我'帮王鹏做什么?

○ 다음 한자를 필순과 필획에 유의하여 써보자.

冷 lěng	冷	冷					
报 bào	报	报					
乡 xiāng	乡	乡					
节 jié	节	节					
叶 yè	叶	叶					
极 jí	极	极					
医 yī	医	医					
越 yuè	越	越					

风 fēng	风	风					
穿 chuān	穿	穿					
烧 shāo	烧	烧					
头 tóu	头	头					
疼 téng	疼	疼					
药 yào	药	药					
应 yīng	应	应					
该 gāi	该	该					
息 xī	息	息					

중국의 자연환경과 지역문화

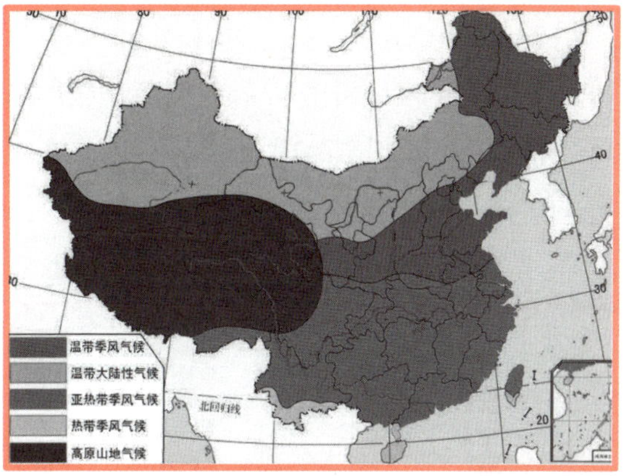

중국의 기후분포

중국은 서고동저(西高东低)의 4단계 지형과 동부 계절풍기후지역, 서북부 건조기후지역, 서남부 고원기후지역의 기후를 지니고 있다. 이 가운데 동부 계절풍기후지역은 예로부터 중국인들이 활동한 주요 공간이었는데 대흥안령(大兴安岭), 기련(祈连)산맥, 횡단(横断)산맥이 서쪽으로 장벽을 이루고 있다. 또한 이 지역은 진령(秦岭)과 회하(淮河)를 경계로 삼아서 북방과 남방으로 나뉘는데, 북방은 온대계절풍지역이고 남방은 아열대계절풍지역에 해당한다.

이처럼 중국의 북방과 남방은 기후, 토양, 식생(植生)이 뚜렷하게 다른 데다 횡향(横向) 수계(水系)에 따라 서로 격리되어 예로부터 그 문화적 면모가 사뭇 달랐다.

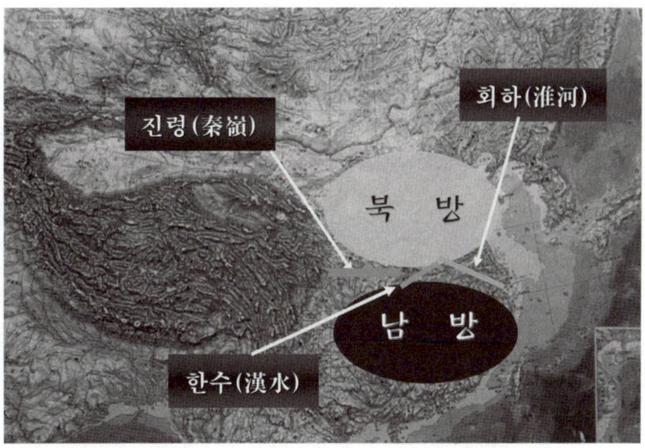

중국의 남방과 북방

북방은 거칠고 메마른 자연환경 속에서 현실적, 이지적, 실용적, 동적인 문화가 형성된 반면 남방은 온화한 자연환경 속에서 공상적, 감성적, 심미적, 정적인 문화를 낳았다. '남선북마(南船北马)', '남황북백(南黄北白)', '남권북퇴(南拳北腿)', '강남수재산동장(江南秀才山东将)' 등은 모두 남북 환경의 차이에서 비롯된 문화적 특징을 담아낸 말이다.

한편 루쉰(鲁迅)은 "북방인의 장점은 중후함이고 남방인의 장점은 약삭빠름이다. 중후함은 지나치면 우둔함으로 발전하고, 약삭빠름은 지나치면 교활함으로 나아간다."라고 하였는데, 중국의 북방과 남방이 서로 다른 점을 몇 가지 소개하면 다음과 같다.

	북 방	남 방
용모	북방계	남방계
언어	통일적	지역적
말투	직설적	완곡함
사상	유가적	도가적
불교	점수(渐修)	돈오(顿悟)
범죄	강력형	지능형
인재	무인(武人)	문인(文人)
주식	대맥(大麦)	미곡(米谷)
식성	짠맛	단맛
주거	폐쇄형	개방형

황토고원지역의 전통 주거 야오둥(窑洞)

쑤저우(苏州)의 운하

제 11 과

复习

Fù xí

복습

1 복 습 复习

1 문법 확인

* 제6과부터 제10과까지에서 학습한 주요 문법을 함께 정리해 보자.

2 주어진 주제에 따라 서로 대화를 나누어 보자.

(1) 물건 사기

(2) 음식 주문하기

(3) 취미 물어보기

(4) 여행 계획 세우기

3 자신을 소개하는 내용을 담아 15문장 내외로 글을 지어 보자.

自我介绍 (zìwǒ jièshào, 자기소개)

중국문화산책 - 중국 속의 한국

'구화산과 신라 왕자 김교각[九华山与新罗王子金乔觉]'

김교각(金乔觉, 697년~794년)은 신라의 승려이다. 성덕왕의 맏아들로 태어났으며, 속명은 중경(重庆)이다. 24세에 당나라에서 출가하여 교각(乔觉)이라는 법명을 받고, 이후 안후이성 구화산(九华山)에서 화엄경(华严经)을 설파하며 중생(众生)을 제도(济度)하여 지장보살(地藏菩萨)의 화신(化身)으로 평가받았다. 99세에 열반에 들었는데, 제자들에게 자신의 시신을 석함(石函)에 넣어 두었다가 3년이 지나도 부패하지 않으면 등신불(等身佛)을 만들라고 유언하였다. 그가 열반에 드는 순간에는 하늘에서 천둥소리가 나더니 산이 무너져 내렸다고 전한다.

구화산

지장보살 김교각 상(像)

※ 구화산과 신라의 김교각에 대하여 소개해 보자.

중국의 대한민국임시정부[大韩民国临时政府在中国]

상하이 대한민국임시정부 유적지

환국 전 임정 요인의 기념촬영(1945.11.3.)

일제강점기에 중국에 있던 대한민국 임시정부는 일제에 저항하던 우리의 독립투사들이 활동하던 가슴 아픈 역사의 현장이다.

1919년 3.1 운동 이후, 대한민국임시정부가 상하이(上海)에서 수립되었다. 1932년 윤봉길 의사의 홍커우(虹口) 공원 의거 이후 임시정부는 일제의 탄압을 피하여 1932년에는 항저우(杭州), 1935년에는 전장(镇江), 1937년에는 창사(长沙), 1938년에는 광저우(广州)와 류저우(柳州), 1939년에는 치장(綦江), 1940년에는 충칭(重庆)으로 여러 차례 근거지를 옮겨야만 하였다.

MEMO 摘记

단어 찾아보기

H

J

K

L

M

N

P